Peter Himmelhuber

Selbst Brunnen, Wasserspiele und Bäche bauen

Compact Verlag

Alle Angaben wurden sorgfältig recherchiert, eine Garantie
bzw. Haftung kann dennoch nicht übernommen werden.
Chefredaktion: Dr. Angela Sendlinger
Redaktion: Uta Lux
Produktion: Wolfram Friedrich
Titelabbildungen: Peter Himmelhuber
Umschlaggestaltung: Ingeborg Cisse

ISBN-13: 978-3-8174-2196-1
ISBN-10: 3-8174-2196-6
2221962

Besuchen Sie uns im Internet: www.compactverlag.de

Ein Wort zuvor

Selbermachen – ein Hobby, das heute für Millionen zur sinnvollen Freizeitbeschäftigung geworden ist. Ob es sich nun um die Gartengestaltung mit Wasser oder um die eigenen vier Wände handelt, mit etwas Geschick und einer fachmännischen Anleitung lassen sich oft verblüffende Ergebnisse erzielen: bei kleineren Reparaturen, beim Renovieren und Verschönern und beim Um- und Ausbauen.
Und Selbermachen bringt Spaß und Freude an der eigenen Arbeit, deren Ergebnis man Tag für Tag sehen und »bewundern« kann. Es spart Geld, mit dem sich lang gehegte Wünsche erfüllen lassen, und es macht unabhängig von Handwerkern, auf die man womöglich wochenlang und schließlich vergeblich gewartet hat.

Fachgeschäfte, Heimwerker- und Baumärkte versorgen den Hobby-Handwerker mit allen Werkzeugen und Materialien, die er braucht. Doch richtiges Werkzeug und Begeisterung allein reichen nicht aus. Unerlässlich sind eine gründliche Vorbereitung und Fachkenntnisse, wie eine Arbeit durchzuführen und was dabei zu beachten ist.

COMPACT PRAXIS **Selbst Brunnen, Wasserspiele und Bäche bauen** zeigt, wie man's macht. Mit wertvollen Tipps und Tricks, die sich in der Praxis tausendfach bewährt haben. Jeder Arbeitsgang wird ausführlich Schritt für Schritt gezeigt und in Bild und Text erläutert. Übersichtliche Symbole zeigen auf einen Blick, mit welchem Schwierigkeitsgrad, welchem Kraft- und Zeitaufwand Sie bei jedem Arbeitsgang rechnen müssen, welche Werkzeuge Sie brauchen und wie viel Geld Sie durch Ihre eigene Arbeit einsparen können.

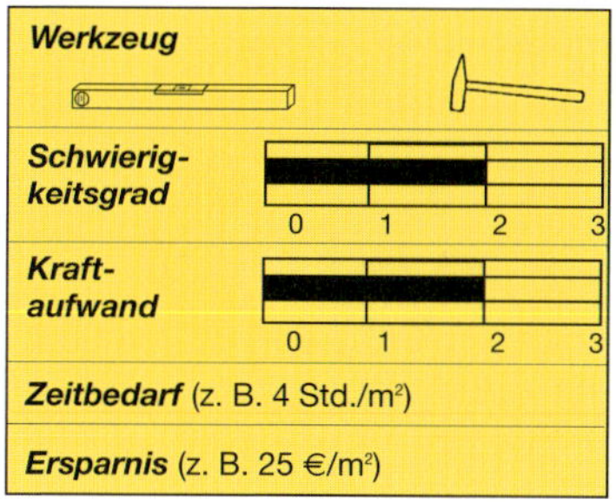

Und so stufen Sie Ihre Fähigkeiten richtig ein:

Schwierigkeitsgrad 1 – Arbeiten, die auch der Ungeübte ausführen kann. Es ist nur geringes handwerkliches Geschick erforderlich.

Schwierigkeitsgrad 2 – Arbeiten, die einige Übung im Umgang mit Werkzeug und Material erfordern. Es ist handwerklich durchschnittliches Geschick notwendig.

Schwierigkeitsgrad 3 – Arbeiten, die fachmännische Übung erfordern. Überdurchschnittliches Geschick ist erforderlich.

Kraftaufwand 1 – Leichte, einfache Arbeit, die jeder bequem erledigen kann.

Kraftaufwand 2 – Arbeiten, die eine gewisse körperliche Kraft voraussetzen.

Kraftaufwand 3 – Arbeiten für kräftige Heimwerker, die keine »Knochenarbeit« scheuen.

Auf einen Blick

Fachkunde

Materialkunde

Werkzeugkunde

Grundkurse

Arbeitsanleitungen

Wasserstellen in Haus und Garten

Eine echte Augenweide ist dieser Springbrunnen im Kieselbecken

Wasser hat eine wohl tuende Wirkung. Trinkwasser erfrischt, Badewasser belebt und Teichwasser erquickt. Wasserstellen sind wertvolle Elemente in jedem Garten, insbesondere wenn sie sprudeln, plätschern oder fließen. Durch die gezielte Anlage und eine geschickte Bepflanzung entstehen Wassergärten, die Freiräume wertvoller machen. Das können große Teiche mit Bachläufen sein, die das ganze Grundstück ausfüllen, oder nur kleine Brunnen, die sogar auf Balkonen und Terrassen genügend Platz haben.

Für Tiere ist Wasser genauso wichtig wie für uns Menschen. Eine oder besser mehrere Wasserstellen begünstigen die Lebensbedingungen von Vögeln, Insekten und anderen Nützlingen wesentlich. So brauchen etwa brütende Vögel nur kurze Flugstrecken zur Versorgung ihrer Jungtiere zurücklegen. Das erleichtert ihnen die mühsame Brutpflege. Wenn ein natürliches Gewässer in der Nähe liegt, können sie stets aus dem Vollen schöpfen. Wenn nicht, helfen künstliche Gewässer wie Gartenteiche, Brunnen oder Vogeltränken. Ein Teich bietet zudem weitere Vorteile. Hier finden die

Tiere neben dem nötigen Trinkwasser unter anderem auch Baumaterial zum Auspolstern der Nester, etwa Gräser und flaumige Wasserpflanzen. Außerdem lädt die Wasserstelle zum Baden ein.

Teiche, Bäche und andere Wasserstellen haben sich seit Jahren in vielen Gärten etabliert. Es gibt mehr als 20 Jahre alte Teichanlagen, die immer noch sehenswert sind. Selbst Folienteiche überdauern die garantierte Haltbarkeit um ein Vielfaches, wenn sie richtig angelegt wurden. Ein kleines Experiment ist die Anlage einer Wasserstelle in jedem Fall. Immerhin weichen Lage, Boden, Größe und andere Faktoren voneinander ab. Hinzu kommt, dass der Zustand natürlich auch von der Bepflanzung, der Ausstattung und der Pflege geprägt wird.

Bevor Sie also zur Tat schreiten und einen umfangreichen **Wassergarten** mit Bachlauf anlegen, lohnt es sich, zunächst mit kleinen Wasserstellen zu beginnen. Solche Becken sind auch später noch attraktiv, wenn doch ein großer Gartenteich mit Bach und Quelle geschaffen wird. Sie passen sogar auf Balkone und Terrassen. Und sie sind völlig ungefährlich, wenn Kleinkinder zur Wohngemeinschaft gehören. Für einen Miniwassergarten oder einen kleinen Springbrunnen genügt eine einfache Mörtelwanne. Wer den schwarzen Kunststoff nicht mag, kann ihn einfach in einem Holzkasten oder mit einer Strohmatte verbergen.

Ein Spatz stillt seinen Durst

Natursteintrog mit Wasserpflanzen

Mit oder ohne Pflanzen

Besondere Schmuckstücke sind **Natursteintröge**. Die haben allerdings ihren Preis. Die Einrichtung bleibt gleich. Die ausgewählten Pflanzen kommen in Töpfen in das Gefäß oder in eine Lehmschicht auf dem Boden. Mit den begrenzten Wachstumsbedingungen kommen Wasserschwertlilien, Tannenwedel, Kalmus und viele andere Arten gut zurecht. Schwimmpflanzen brauchen natürlich kein Substrat. Sie treiben auf der Wasseroberfläche. Neben Wassersalat, Wasserfarnen oder Wasserhyazinthen lassen sich auch Tauchpflanzen einsetzen. Wenn mehrere Wasserstellen gruppiert und gestaltet werden, entsteht ein kleiner Wassergarten.

Einzelne Becken können auch ohne Bepflanzung bleiben, zumal das ständig bewegte Wasser den Pflanzen schadet. Eine Pumpe bringt die Wasserstelle zum Plätschern. Neben der regelmäßigen Wasserversorgung brauchen solche Miniteiche keine besondere Pflege. Frostempfindliche Pflanzen kommen im Herbst mitsamt dem Becken ins Haus. Wer Freude an diesen besonderen Troggärten hat, kann sie beliebig erweitern.

Schwimmteiche

Wer an einem See oder Fluss wohnt, kann sich im Sommer jederzeit nach Belieben in die Fluten stürzen. Aber auch der eigene Garten lädt zum Baden ein, wenn eine Wasserstelle geschaffen wird. Das kann ein Pool sein oder ein **Badeteich**. Zum Erfrischen, für Kneippbäder oder als Plantschbecken für die Kinder genügt sogar eine Kunststoffwanne, die sich an heißen Sommertagen im Rasen platzieren lässt.

Ein richtiger Badeteich braucht natürlich eine gewisse Wasserfläche und genügend Tiefe für ausreichend Bewegungsfreiheit. Zudem ist ein fachgerechter Ausbau erforderlich. Insbesondere muss die Teichschale vor Beschädigungen sicher sein. Der Schwimmteichbau ist aber selbst mit herkömmlicher Teichfolie möglich. Sie bekommt nach dem Auskleiden eine Schutzschicht aus Kieseln. Teichfolien gibt es auf Bestellung in beliebigen Größen im Fachhandel. Eigene Schweißnähte sind zu vermeiden.

Brunnen aus Natursteintrögen

Das Teichbett muss entsprechend tief und weiträumig ausgekoffert werden. Das geschieht am einfachsten mit einem Minilader. Der Ausbau erfolgt dann wie bei jedem Folienteich. Zunächst kommt eine Schicht Bausand in die Grube. Darauf lässt sich die Folie ausbreiten. Sie verschwindet unter einer Schicht aus gewöhnlichem Rollkies, feinen Kieseln oder Sand.

Sicherheitstipp

Auf einen Schwimmteich sollte verzichtet werden, wenn Kleinkinder zur Familie gehören (oder zu erwarten sind), denn eine derartige Wasserstelle birgt unvorhersehbare Gefahren für Kleinkinder. Gegen den Bau eines flachen Wasserbeckens, eines seichten Bachs, eines kleinen Springbrunnens oder einer Vogeltränke ist aber nichts einzuwenden. Wenn bereits ein Wasserbecken zur Anlage gehört – etwa beim Kauf eines Hauses mit Garten – oder wenn nach dem Teichbau Nachwuchs kommt, ist es unverzüglich nötig, diese Gefahrenstelle durch eine ausreichende Absperrung zu sichern. Die Wirkung des glitzernden Wassers auf Kleinkinder ist gewaltig und im Krabbelalter können selbst kleine Becken gefährlich sein.

Pflanzen sind sparsam einzusetzen, sonst wuchert die Wasserstelle mit der Zeit zu. Vorzugsweise am Randbereich dürfen robuste Stauden wie Schilfrohr, Wasserschwertlilien und Rohrkolben gedeihen. Ein solcher Folienteich ist recht kostengünstig zu bekommen. Er bietet genügend Spielraum zum Schwimmen, wenn er groß genug angelegt wird. Für Frischwasser sorgt eine Umwälzpumpe mit Filteranlage.

Ebenso kann aber auch Regenwasser zur Versorgung dienen, wenn ein Fallrohr vom Hausdach angezapft wird. Dafür gibt es einfache Regensammler mit Schlauchanschluss in Baumärkten.

Ein kleiner Badeteich kann auch aus Hartkunststoffteilen geschaffen werden. Die handelsüblichen Teichbecken bieten natürlich wesentlich weniger Bewegungsfreiheit als großzügige Folienteiche, zumal ihre Größe beschränkt ist. Solche Wasserstellen eignen sich aber vorzüglich als Plantschbecken für Kinder oder als Kneippbecken.

Bewährt haben sich außerdem Betonformteile, die sonst zum Brunnenbau oder für Zisternen dienen. Betonringe gibt es in Größen bis etwa 300 cm Durchmesser. Sie lassen sich mit dem Kranwagen in den Boden einsenken. Vorher muss natürlich eine passende Grube in der gewünschten Tiefe ausgeschachtet werden.

Zum Versiegeln dient Dichtungsschlämme, mit der die Innenwandung ausgestrichen wird. Vor dem Bau eines richtigen Schwimmteiches sollten zunächst Kostenvoranschläge eingeholt werden. Ein kleiner professionell gebauter Schwimmteich kann oft mehr als 10 000 € kosten!

Schwimmteich mit Bepflanzung

Aus Beton und Folie gebauter Schwimmteich

Bäche brauchen Gefälle

In der Natur sind Bäche muntere Fließgewässer, die von der Quelle bis zur Mündung durch das Gelände plätschern. Im Garten kann ein **Sprudelstein** die Quelle sein und der Teich das Mündungsgewässer. Die Strecke dazwischen lässt sich naturnah gestalten.

Ein künstlicher Bach kann wie ein Teich aus Folie gebaut werden. Ein Bach braucht aber ein **Gefälle**, sonst wirkt er eher wie eine Wasserrinne denn wie ein Fließgewässer. Für das Bachbett eignet sich daher ein natürlicher Hang oder ein Hügel im Garten, der auch künstlich aufgeschüttet werden kann. Die Erde dafür fällt beim Teichaushub reichlich an. So lässt sich direkt beim Teichbau die Aushuberde gut unterbringen und am Ort nutzen.

Schon beim Modellieren bekommt der Bach seinen Schwung, das heißt, je steiler und gewundener das Bachbett geschaffen wird, umso munterer sprudelt das Wasser den Hügel hinab. Natürlich gibt es dabei Einschränkungen, zumal der Garten Grenzen hat und der kleine Hügel nur wenige Schwünge und Kaskaden möglich macht.

Es gilt also, den Bach geschickt zu gestalten. Wenn nur eine kurze Strecke zwischen der Quelle und der Mündung liegt und keine Windungen machbar sind, lässt man das Wasser am besten über **Stufen** plätschern, damit es zur Wirkung kommt. Im Handel gibt es für solche Kaskaden Fertigteile, die recht einfach aufgeschichtet werden und ein angenehmes Plätschern erzeugen. Wer Natursteine bevorzugt, sollte ausgewählte kantige Brocken nehmen und diese ganz gezielt aufeinander setzen, sodass das Wasser in gelenkten Bahnen darüber fließt.

Quellstein am Bach

Bachbett

Zunächst wird also der Bachlauf festgelegt und das Bachbett gegraben. Gewöhnlich ist nur ein flacher Graben nötig, der sich ohne große Mühe ausheben lässt. Natürlich wählt man dabei einen günstigen Lauf. Immerhin soll der Bach nicht nur naturnah wirken, sondern auch gut sichtbar und hörbar sein.

Das Bachbett kann schräg in den Hang gegraben werden, direkt oder in Kurven zum Teich führen. Wenn die Strecke lang genug ist, lohnt es sich, einige kleine Tümpel im Bachbett auszugraben, in denen sich das Wasser sammeln kann. Das sieht gut aus und dient beispielsweise den Vögeln zum Baden und Trinken.

Profitipp
Schon bei der Planung ist die Leistung der benötigten Pumpe zu beachten, denn je breiter das Bachbett ist, umso leistungsfähiger muss die Pumpe sein, damit sie den Bach auch mit Wasser füllt. Bei der Berechnung der Pumpenleistung muss man vor allem die Förderhöhe wissen. Für ein kräftiges Sprudeln ist eine starke Pumpe nötig, für ein leichtes Plätschern genügt ein schwächeres Gerät. Selbst eine einfache Tauchpumpe oder Entwässerungspumpe eignet sich gut für einen Bachbetrieb. Damit der Wasserkreislauf richtig funktioniert, muss auch die Schlauchleitung zur Pumpe passen. Je dicker der Schlauch ist, umso stärker muss die Pumpe sein, zumal sie ja durch einen dicken Schlauch eine größere Menge Wasser pumpen muss als durch einen dünnen.

Als Dichtungsmaterial für das Bachbett ist Teichfolie ideal. Auch hierfür genügt eine 1 mm dicke PE-Folie. Das können beispielsweise Reste oder Abschnitte vom Teichbau sein, die sich somit nützlich verwerten lassen.

Sie werden so verlegt, dass sie sich überlappen. Dadurch sind keine Verklebungen nötig, weil das Wasser über die Verbindungsstellen hinwegläuft. Während des Auskleidens des Bachbetts lässt man das Wasser laufen. Es zeigt am besten, ob die Folie richtig liegt. Jetzt sind Änderungen noch leicht möglich.

Der Bach sprudelt auf einer Folie

Bachausbau
Sobald das Bachbett ausgekleidet ist und das Wasser richtig läuft, kann mit dem Ausbau begonnen werden. Dabei ist besondere Sorgfalt nötig, sonst verläuft das Wasser wirkungslos zwischen den Steinen. Besonders bei kleinen **Kaskaden** und Sprudelsteinen muss jeder einzelne Stein richtig sitzen. Der Ausbau des Bachs macht deshalb am meisten Mühe.

Die Steine müssen gedreht, gesetzt und aufgeschichtet werden, bis das Wasser stufenweise darüber hinwegplätschert. Die Folie verträgt den Druck der Steine übrigens ohne Schaden. In die flachen Stellen und in die Tümpel im Bach kommen dann nur noch die Kiesel. Erst ganz zum Schluss schneidet man die überstehenden Folienränder ab und kaschiert auch die restlichen Stellen mit Kieselsteinen.

Bepflanzung
Bei der Bachbepflanzung gilt wie bei der Teichbepflanzung: Weniger bringt mehr. Einige Gräser und Stauden und einzelne kleine Ge-

Ein Bach mit Kaskade ...

... sieht auch im Winter gut aus

hölze genügen. Sie binden den Bach harmonisch in den Garten ein. Wuchernde Pflanzen gehören nicht ans Wasser, weil sie leicht ins Bachbett hineinwachsen und bald nichts mehr davon sehen lassen.

Auch bei der Pflege ist darauf zu achten, dass keine Gräser einwurzeln. Sie breiten sich sonst ungehindert aus.

Technik verstecken

Vom Bach sollten nach dem Bau natürlich nur das Wasser und das Kiesbett zu sehen sein. Die Pumpe wird deshalb im Teich versteckt, nachdem der Schlauch angeschlossen ist. Der Schlauch liegt neben dem Bachbett im Boden und führt das Wasser aus dem Teich zur Quelle. Er wird aber erst nach dem gelungenen Probelauf eingegraben.

Auch das Stromkabel lässt sich unsichtbar im Boden verlegen und zu einer Steckdose etwa am Haus führen, wo die Pumpe jederzeit ein- und ausgeschaltet werden kann. »Kabelschuhe« oder spezielle Tonhauben schützen die elektrische Leitung vor Verletzungen bei Gartenarbeiten, beispielsweise mit dem Spaten.

Alternativ zum plätschernden Bach bringt der Bau einer sprudelnden Quelle dieselbe akustische Wirkung. Das kann beispielsweise ein Quellbrunnen sein oder ein Wasserrohr, das in ausreichender Höhe platziert wird. Der Wasserstrahl aus dem Brunnen oder aus dem Rohr trifft zwangsläufig geräuschvoll auf der Teichoberfläche oder im Bachbett auf.

Profitipp

Das größte Problem beim Bau eines Baches ist die richtige Auskleidung des Betts und der Ausbau mit Steinen. Damit das Wasser nicht »lustlos« abläuft, sind Hindernisse nötig. Beim Bau mit Fertigelementen kommen ohnehin sprudelnde Übergänge zustande. Die Teile werden so aufgeschichtet, dass sie sich überlappen. Das Wasser sprudelt dann von einem Element zum anderen und schließlich in den Teich. Die Fertigteile aus blankem oder besandetem Kunststoff oder speziellen Kunststeinelementen sind jedoch teuer und sehen natürlich nicht so gut aus wie Natursteinplatten oder -blöcke.

Wenn der Aufwand für einen Bachbau zu groß erscheint oder wenn kein passender Platz vorhanden ist, lässt sich mit einem Wasserbecken die erwünschte Wirkung erzielen. Im Handel sind Bausätze für Brunnen in verschiedenen Ausführungen erhältlich.

Das können Natursteinbecken mit Quellstein sein oder Figuren, die Wasser speien. Solche geschlossenen Systeme sind mit wenigen Handgriffen aufgebaut und funktionieren ohne besondere Wartung zuverlässig.

Der Wasserdruck lässt sich bei den meisten Produkten verändern. Regelbare Pumpen sind auch für den Betrieb selbst gebauter Brunnen geeignet. Die Brunnen können aus Industriebaustoffen, Naturstein oder Holz gefertigt werden.

Ein Brunnen für die Wasserversorgung

Richtige Brunnen, die im Garten vorhandenes Grundwasser oder echte Quellen erschließen, lassen sich nur dort bauen, wo ein natürlicher Wasservorrat im Boden vorhanden ist (siehe: »Teichanlage mit Regenwasser« und »Zisternen- und Schlagbrunnenbau«).

Auswahlhilfen

Wer schon einen kleinen Schmukteich im Garten besitzt oder ein **Feuchtbiotop** für Tiere geschaffen hat, wird sicher gerne noch weitere Wasserstellen gestalten. Wenn eine sprudelnde Wasserstelle erwünscht ist, bietet sich vielleicht der vorhandene Teich zum Ausbau an.

Gegen sprudelndes Wasser ist auch neben oder im Feuchtbiotop nichts einzuwenden, wenn die Pflanzen nicht dadurch beeinträchtigt werden. Keinesfalls sollten Seerosen oder andere Schwimmpflanzen vom Strahl eines Springbrunnens oder eines Wasserspeiers getroffen werden.

Falls nötig lässt sich ein Bach, ein **Quellstein** oder ein Brunnen aber auch in eine separate Wasserstelle einfügen oder neben dem vorhandenen Teich bauen.

Als Auswahlhilfe bietet sich zunächst ein kleines Wasserbecken an, das vorzugsweise in Hausnähe an der Terrasse platziert wird. Denn manche Menschen empfinden das ständige Plätschern als störend. Sie werden während der Testphase sicher wieder von der

Quellsteine sind sehr dekorativ

Planung eines Bachs oder eines Sprudelbeckens Abstand nehmen. Zur Beurteilung genügt ein kleiner Zimmerbrunnen, der für weniger als 50 € im Baumarkt zu bekommen ist. Mit Sicherheit sind Abnehmer dafür zu finden, wenn das andauernde Geräusch des Wassers unangenehm wirkt.

Wer aber durch den Betrieb eines kleinen Brunnens im Haus oder auf der Terrasse Lust auf mehr bekommt, findet mit Sicherheit einen passenden Ort für ein größeres Wasserobjekt.

Auf der Suche nach der richtigen Lage

Optimal gelegen ist dieser Teich mit Sitzgruppe

Die günstigste Lage für eine Wasserstelle gibt es nicht. Sie ist vom Grundstück, von der Nutzung, von der Größe und anderen Aspekten abhängig. Grundsätzlich lässt sich eine Wasserstelle überall schaffen. Denn das Wasser sucht sich auch in der Natur seine Läufe und Plätze selbst – soweit es das darf und nicht von Menschen eingedämmt oder kanalisiert wird.

Allerdings sind bei der Gartengestaltung schon Richtlinien vorgegeben und verschiedene Grundsätze zu beachten.

Neben der Sicherheit für Kinder ist vor allem die Vorsorge vor **Gebäudeschäden** zu beachten. Eine Wasserstelle darf auch bei Undichtigkeit keinesfalls eine Gefährdung etwa für Kellerräume darstellen. Übrigens müssen auch Schäden beim Erdaushub – etwa durch die Verletzung von Leitungen und Kabeln – ausgeschlossen sein! Selbstverständlich sind auch angrenzende Gebäude zu beachten. Nicht zuletzt sind die Nachbarn oder auch Passanten in die Überlegungen mit einzubeziehen. So darf von einer Teichanlage oder einem Springbrunnen im Vorgarten selbstverständlich keine Gefahr für Kinder auf einer angrenzenden Spielstraße ausgehen. Ebenso wenig sollte ein rauschender Bach im Wohngarten die Nachbarn belästigen.

Gute Lage – je nach Art

Der beste Platz für eine Wasserstelle ist also nicht nur von den verfügbaren Freiräumen abhängig, sondern auch von der Art der Wasserstelle. Ein **Sprudelbecken** verliert sich irgendwo in einer abgeschirmten Gartenecke. Es gehört an die Terrasse oder neben einen Zweitsitzplatz. Ein kleines Feuchtbiotop mit Bachlauf liegt dagegen an der Terrasse ungünstig. Es braucht einen geschützten Platz abseits vom Trubel. Natürlich ist die Lage auch entsprechend der Bodenbeschaffenheit zu wählen. Auf felsigem Untergrund macht das Auskoffern des Bodens für ein Springbrunnenbecken unnötige Mühe. Manchmal erleichtert eine geringe Verlagerung die Anlage.

Auch unter Bäumen ist das Beckenbauen keine einfache Sache, zumal beim Ausgraben mit Sicherheit Wurzeln auftauchen. Im Übrigen schadet das Abtrennen wichtiger Ankerwurzeln den Bäumen. Falls nötig wird einfach die Lage verschoben oder die Form verändern, was beim Bau mit Folie leicht möglich ist.

In den meisten Fällen bietet sich aber eine Stelle im Garten geradezu für eine Wasserstelle an. Oft kommt die Idee beim Umgestalten einer schwierigen Fläche oder aber beim Kaffeetrinken auf der Terrasse. Vielleicht springt der zündende Funke oder – anders gesagt – sprudeln die richtigen Gedanken sogar beim Lesen eines Teichbüchleins ...

Ökotipp

Auch Algen sind Pflanzen. Sie brauchen Licht zum Wachsen. Sonnige warme Wasserstellen begünstigen ihre Entwicklung wesentlich. Die Algenbildung in einem Wasserbecken lässt sich durch das Schattieren etwa mit Kübelpflanzen vermindern. Bei flachen Becken insbesondere in sonniger Lage bleibt Ihnen jedoch das gelegentliche Abfischen der Algen oder das Reinigen nicht erspart.

Fehler vermeiden

Leider kommen bei vielen künstlichen Wasserstellen immer wieder die Folienränder oder Kunststoffwände zum Vorschein. Das lässt sich ganz einfach vermeiden, wenn das Teichbett geschickt geformt und die Folie mit Kies abgedeckt wird. Es spielt keine Rolle, ob die Wände steil oder flach sind.

Bei einem flachen Teich oder Bach genügt zum Abdecken der Folie einfacher Kies. Bei Steilwänden etwa in Kunststoffwannen sind große Kiesel oder auch andere Natursteine zum Abdecken nötig, die sich aufschichten lassen. Der Folie oder der Kunststoffwanne schadet diese Belastung nicht.

Bauvorschriften beachten

Für die Platzierung eines Springbrunnens oder den Bau eines Bachs ist in der Regel keine Genehmigung nötig. Ein großes Kneippbecken aus Beton, ein Schwimmteich mit Kaskaden oder eine Springbrunnenanlage müssen unter Umständen erst vom Bauamt zugelassen werden. Vor umfangreichen Bauarbeiten lohnt es sich also, die Bauvorschriften zu beachten oder beim zuständigen Bauamt anzufragen.

Ein Brunnen im Grünen ...

... und einer direkt am Haus

Teichanlage mit Regenwasser

Es ist schade um jeden Tropfen Regenwasser, der im Abfluss verschwindet. Die Pflanzen vertragen das weiche Regenwasser besser als das oft harte Wasser aus der öffentlichen Leitung. Es lohnt sich deshalb, das Regenwasser zu sammeln. Das kann in einem einfachen Fass geschehen, das an ein Fallrohr angeschlossen ist oder in einer **Zisterne**, die neben dem Haus gebaut oder unterirdisch angelegt wird.

Mit dem Anschluss an das öffentliche Leitungsnetz kam das Ende vieler privater Brunnen und Zisternen. Es ist nach wie vor viel einfacher, den Wasserhahn aufzudrehen als Wasser zu schöpfen oder hochzupumpen. Dennoch erleben die Regenwasserspeicher und Grundwasserbrunnen aus ökologischen Gründen und wegen der hohen Leitungswasserkosten eine Renaissance. Die Entwicklung begünstigen auch die Hauswasserautomaten, die es in Baumärkten recht preiswert zu kaufen gibt.

Diese leistungsfähigen Pumpen, die sich selbstständig ein- und ausschalten, fördern das gesamte Regenwasser und machen die Versorgung von Bewässerungsanlagen oder auch von Sprudelsteinen, Bächen und dergleichen möglich.

Regenwassersammler

Zisterne mit Pumpe

Der Bau einer Zisterne kann schon beim Hausbau nach dem Erdaushub geschehen. Dazu dienen große Betonspeicher, die neben dem Hausfundament in den Boden eingesenkt werden. Solche Speicher liefert der Kranwagen zur Baustelle und hebt sie auf den dafür vorbereiteten Platz. Das Einsetzen einer Zisterne in die Baugrube erspart das nachträgliche Baggern oder Graben von Hand. Im Handel sind auch spezielle Kunststofftanks zu bekommen, die sich gleichermaßen in den Boden einbauen lassen.

Nachträglicher Zisternenbau

Wenn das Haus schon steht und der Garten fertig angelegt ist, lässt sich immer noch ein unterirdisches Sammelbecken bauen. Dazu wird an einer günstigen Stelle – etwa neben einem Regenfallrohr – eine Grube ausgekoffert. Sie muss dem ausgewählten Speicher angemessen sein. Statt einer großen Betonzisterne oder eines Kunststofftanks können auch Betonringe zum Zisternenbau dienen, die Stück für Stück in die Baugrube eingesenkt werden. Die Ringe vom Baustoffhandel sind 50 cm hoch; es gibt sie mit Innendurchmessern von 100, 120, 150, 200 cm und anderen Größen. Bei 200 cm Ringen muss die Grube etwa 250 cm breit sein, damit sie sich mit dem Kran einsenken lassen.

Für die Anlieferung ist eine Zufahrt zur Baustelle nötig. Es dürfen keine Leitungen beim Abladen stören. Das Einsenken von Hand ist nur bei kleinen Ringen mit einem Durchmesser bis etwa 100 cm noch möglich. Denn diese Betonfertigteile haben ein enormes Gewicht. Wenn keine Zufahrt in den Garten möglich ist, können die Betonringe unter Umständen zur Baustelle gerollt werden.

Allerdings ist auch diese Transporttechnik nur mit Mühe und auf völlig flachem Boden zu bewerkstelligen. Außerdem müssen die Ringe dann nach dem Transport umgelegt und in die Baugrube eingesetzt werden. Dabei können sie zerbrechen. Die Lieferung per LKW ist deshalb immer die beste Transportmethode.

Brunnen statt Zisterne

Wer beim Auskoffern der Baugrube auf **Grundwasser** stößt, kann statt einer Zisterne auch einen Brunnen bauen. Dann lohnt es sich, etwa 50 cm tief in den Grundwassersee zu graben, damit der unterste Ring im Wasser steht. Gewöhnlich führt solch ein Brunnen stets Wasser, zumal ständig Grundwasser aus der Umgebung nachsickert. In diesem Fall ist es nur noch nötig, die weiteren Ringe auf den untersten Ring zu setzen und den Brunnen mit einem Deckel zu sichern oder einen Brunnenkopf zu bauen.

Betonringe zum Zisternenbau

Profitipp

Künstliche Bäche und Brunnen sprudeln nur, wenn sie mit Strom versorgt werden. Für die elektrischen Pumpen sind Zuleitungen nötig. Die Stromversorgung ist schon bei der Planung oder später beim Bach- oder Brunnenbau zu beachten. Dann lassen sich die Kabel noch ohne Beschädigung der Rasenfläche oder Grabarbeiten in den Beeten unsichtbar im Boden verlegen.

Baumärkte oder Baustoffhandlungen bieten neben Brunnenbausätzen, Pumpen und Filteranlagen verschiedene Geräte und Bauteile zum Wassersammeln und -verteilen an. Neben großen Wasserspeichern aus Kunststoff, die unterirdisch im Garten eingebaut werden, gibt es Regentonnen in verschiedenen Größen, die sich direkt neben den Fallrohren am Haus platzieren lassen.

Auch diese Kunststoffbehälter bieten ein großes Speichervermögen, wenn mehrere Exemplare nebeneinander gestellt und mit Schläuchen verbunden werden.

Folien für den Bachbau

Im Gartenbau gehören **Folien** schon lange zu den täglichen Gebrauchsgütern. Sie sind etwa zur Erntezeitverlängerung, für den Frostschutz oder zum Mulchen unentbehrlich. Was den Gärtnern hilft, kann natürlich auch im Hausgarten nützlich sein.

Grundsätzlich eignen sich nur spezielle Gartenfolien. Gewöhnliche Haushaltsfolien sind nicht UV-Licht-beständig und zerbröseln schon in wenigen Wochen. Gute Gartenfolien sind dagegen viele Jahre haltbar. Für Teichfolien gibt es gewöhnlich eine zehnjährige Garantie. Sie bleiben aber meist viel länger intakt. Beim Kauf sind Haltbarkeitssiegel oder Zertifikate durchaus beachtenswert.

Viele Vorteile

Gegenüber Glas und starrem Plastik haben Kunststofffolien und **Vliese** wesentliche Vorteile. Sie sind leicht, unzerbrechlich und elastisch und lassen sich beliebig formen. Das macht sich besonders beim Teichbau bemerkbar. Die spezielle Teichfolie passt sich genau dem geschaffenen Bett an und ermöglicht jede gewünschte Form. Starre Kunststoffbecken sind schwieriger einzubauen und geben bestimmte Teichformen vor. Die Teichfolie liegt am besten auf speziellem Teichvlies auf. Dieses Acrylfasergewebe ist zwar genauso teuer wie die Teichfolie selbst, das Unterlegen lohnt sich aber, weil sie die Folie gut polstert und schützt.

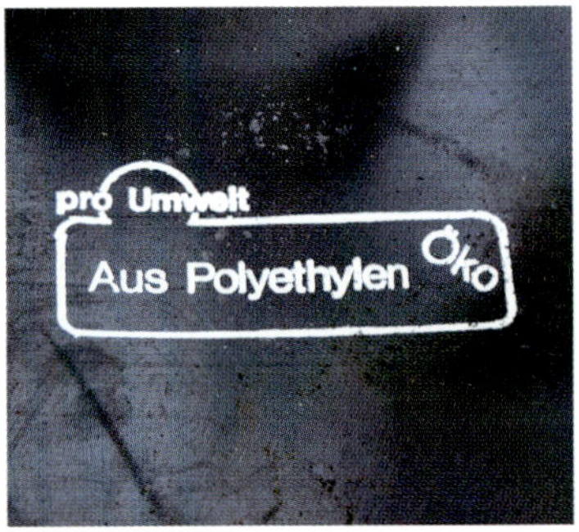

PE-Folien sind umweltverträglich

Bei der Auswahl der Teichfolie sollten Produkte aus **PE** (Polyethylen oder Polyäthylen) den Vorzug vor PVC (Polyvinylchlorid) bekommen. Diese so genannten **Öko-Teichfolien** sind wesentlich umweltverträglicher, weil sie keine giftigen Chlorverbindungen enthalten. Sie sind im Übrigen genauso haltbar und reißfest. Die Umweltverträglichkeit ist auch bei allen anderen Folien und Vliesen zu beachten.

Hier ist die Folie für den Bachbau bereits ausgebreitet

Fast alle Arten werden ohnehin aus Polyethylen oder dem ebenfalls chlorfreien Polypropylen produziert. Dennoch dienen oft Schwermetalle zur UV-Lichtstabilisierung (z. B. Cadmium). Produkte, die als schadstofffrei gekennzeichnet sind, sollten Sie auch hier bevorzugen. Seriöse Gütesiegel, die beispielsweise darauf hinweisen, dass kein Cadmium enthalten ist, sind zu beachten.

Grundsätzlich sind alle Folien und Vliese **Kunststoffe** und als solche richtig zu behandeln und zu entsorgen (z. B. anfallende Reste). Keinesfalls dürfen Folien oder Folienbeutel in Hausöfen verbrannt werden. Die Bezeichnung »bei der Verbrennung rückstandsfrei« gilt nur für spezielle Müllverbrennungsöfen! Reste oder alte Folien gehören deshalb zur Wertstoffsammelstelle. Teichfolienreste sind übrigens auch zum Mulchen der Beete geeignet. Entsorgen kann man sie nach dem Gebrauch immer noch.

Kunststoffbecken gibt es in verschiedenen Formen und Größen

Kunststoffbecken

Neben speziellen Teichfolien bietet der Handel vorgeformte **Kunststoffbecken** an. In manchen Fällen kann ein solches Becken besser passen, so etwa, wenn ein Badeteich gewünscht wird, wenn Haustiere eine Wasserstelle brauchen oder wenn ein Springbrunnenbecken mit streng geometrischer Form entstehen soll.

Teichfolie müsste in solchen Fällen besonders geschützt beziehungsweise entsprechend auf dem streng geformten Unterbau verlegt werden. Es lohnt sich also – wie bei jeder Baumaßnahme – die Baustoffe je nach Situation auszuwählen und gut zu vergleichen – bei Beachtung des Nutzen- und Kostenfaktors. Hartkunststoffbecken können allerdings im Preis kaum mit Teichfolien konkurrieren.

Qualitätsmerkmale

Achten Sie auf Qualität, wenn Sie sich für ein Hartkunststoffbecken entscheiden. Mitunter sind Produkte im Handel, die verhältnismäßig dünne, nichtverstärkte Wände haben. Solche Becken können leicht reißen, wenn sie beim Transport oder auch beim Einbau verkantet werden. Dann sind Reparaturen schwierig. Lassen Sie sich also eine Garantie geben. Für gute Produkte spricht eine Haltbarkeitsgewähr von 15 Jahren. Sie sind aber meist doppelt so lange beständig. Gute Ware ist im Übrigen ganz einfach und deutlich bei Berührung erkennbar: Die Wände sind extrem starr und mit Fasern verstärkt. Einige Teichbeckenbauer sind nicht von ungefähr auch Bootsbauer!

Die starren Wannen werden wie umweltschonende Teichfolien aus Polyethylen (PE), aus glasfaserverstärktem Polyester (GFK) oder ähnlichen Kunststoffen hergestellt. Sie geben also weder Schadstoffe ans Wasser noch ans Erdreich ab. Die Wannen sind völlig frostfest und UV-Licht-beständig.

Formen und Größen

Im Prinzip eignet sich auch eine **Mörtelwanne** als Miniwasserbecken. Der Einbau ist derselbe wie bei einem professionellen Becken. Zum Üben ist das Einsenken einer solchen Kunststoffwanne durchaus zu empfehlen. Außerdem kann auch ein solch kleines Becken eine wertvolle Wasserstelle sein und beispielsweise als Vogeltränke dienen. Selbstverständlich lassen sich mehrere solcher Wannen zusammen gruppieren und zu einer ansehnlichen Wasserstelle ausbauen. Ein Teich entsteht damit natürlich nicht. Dazu sind schon große Elemente nötig, die von verschiedenen Herstellern im »Baukastenprinzip« angeboten werden. Dabei handelt es sich um unterschiedliche Segmente, die sich miteinander verbinden lassen. Damit können runde Becken oder andere Formen geschaffen werden, je nachdem welche Teile zusammenkommen.

Ein Kunststoffbecken wird eingesetzt

Bei der Planung helfen Prospekte und Pappschablonen. Allerdings gibt das Gartengelände meistens ohnehin die Form und Größe vor und nicht zuletzt der Geldbeutel bzw. das verfügbare Budget.

Immerhin sind die Kosten für solche **Baukastensysteme** ganz erheblich, zumal für den Preis eines einzigen Elements schon ein kleines gewöhnliches Becken zu haben ist. Unter Umständen kann man aber improvisieren und beispielsweise den Springbrunnen mit einem Hartkunststoffbecken ausbauen, aber die umliegenden Pflanzenzonen dann mit Teichfolie auskleiden.

Brunnen aus Mauerklinker und Granit

Beim Brunnenbau sowie bei der Gestaltung der Wege und Plätze kommen nur spezielle Ziegelsteine, die **Mauerklinker**, zum Einsatz. Klinker sind aus besonderen Tonmischungen bei hohen Temperaturen gebrannt. Das macht sie extrem frosthart und wetterfest. Klinker kosten wesentlich mehr als einfache Betonsteine. Deshalb fällt die Entscheidung nach dem Hausbau oft zugunsten der billigeren Steine aus Beton.

Diese können an Nebenplätzen durchaus passend sein, zumal sie unauffällig wirken. Pflastersteine aus Beton sind im Übrigen genauso tragfähig wie Pflasterklinker. Wände aus Betonsteinen lassen sich mit Fassadenfarbe durchaus ansehnlich gestalten.

Dennoch passen Klinker gelegentlich besser als Betonsteine, so etwa für Sichtmauerwerk beim Brunnenbau oder für Pflaster am Haus – obwohl es sich bei diesen gebrannten Tonziegeln wie bei anderen Natursteinen auch um Industrieprodukte handelt.

Klinker entstehen in großer Stückzahl in Ziegelsteinfabriken. Zur Herstellung dienen Tone, die in Formen gefüllt und in Brennöfen gebacken werden (»Backsteine«). In dieser Hinsicht sind fast alle Baustoffe Industrieprodukte.

Das gilt auch für Schotter, der aus den Felsen gesprengt und im Schotterwerk gemahlen wird, oder für Kies, den die Bagger aus dem Boden fördern. Zur Auswahl sollten allerdings vorzugsweise Produkte aus der Region kommen, die keine weiten Transportwege erfordern. Insbesondere fügen sich Natursteine aus heimischen Abbaugebieten unauffälliger in den Garten ein. Sie können je nach Lage aus Granit, Schiefer, Kalk oder anderen Materialien bestehen.

Formate

Klinker gibt es in unterschiedlichen Formen und Farben. Neben Normsteinen mit rechteckigen Oberflächen sind auch quadratische Klinker erhältlich sowie Fischformen und TT-Formen für Verbundpflaster. Normziegel (NF) haben eine Größe von 24 cm x 11,5 cm x 7,1 cm. Ihre rote, erdbraune oder blaubunte Farbe ist lichtbeständig. Zu beachten ist, dass die Klinker je nach Brenntemperatur und Tonmischung ständig anders ausfallen können.

Rötliche Pflasterklinker

Granitsteine

Wasserfall aus Kalkstein

Beim Verarbeiten sollten die Steine von verschiedenen Paletten genommen und gemischt werden.

Natursteine

Feldspat, Quarz und Glimmer machen den oberflächlich grau wirkenden **Granit** attraktiv. Dieses harte Urgestein kommt erst bei näherer Betrachtung richtig zur Geltung. Granit ist wie die meisten anderen echten Natursteinarten eines der teuersten Baumaterialien. Bei einem Quadratmeterpreis von mehr als 50 € kommt Granit deshalb weniger häufig bei der Gartengestaltung zum Einsatz. Neben den Granitkopfsteinen haben Granitquader einen besonderen Wert als Terrasseneinfassungen oder für Treppen und Absätze. Sie dienen beim Straßenbau als Gehsteigkanten und lassen sich vorzüglich beim Gartenbau nutzen.

Neben Granit hat sich **Porphyr** als Natursteinbelag etabliert. Dieses Vulkangestein aus Südtirol hat ähnlich gute Eigenschaften wie Granit. Es ist in symmetrischen Formen als Pflaster oder in großen Platten zu bekommen. Im Handel sind zudem Bruchplatten mit unregelmäßigen Formen erhältlich. Weitere Natursteinplatten bestehen je nach Herkunft aus Kalk (z. B. Solnhofener Platten aus Jurakalkstein), Sandstein (z. B. Wesersandstein) oder anderen Materialien. Bis hin zum exklusiven Carrara-Marmor bieten Baumärkte und Baustoffhandlungen ein riesiges Sortiment an Produkten.

Besonders dekorativ wirken Brunnen aus Granit oder anderem Naturstein. Gelegentlich werden alte Natursteintröge, die früher als

Natursteintrog mit Pflanzen

Futtertröge dienten, beispielsweise in Fachzeitschriften angeboten. Mittlerweile gibt es neue Produkte in Baustoffhandlungen oder in Gartenmärkten. Solche Tröge eignen sich vorzüglich für Brunnen. Sie haben ihren Preis, zumal sie von Hand gemeißelt werden. Allerdings lohnt sich der Kauf; Natursteinbrunnen sind Anschaffungen fürs Leben.

Natursteintröge

Kalksteinplatten

Fliesen

Große Preisunterschiede gibt es bei **Fliesen**. Für den Garten eignen sich nur frostsichere Typen. Es handelt sich um gebrannte und glasierte Tonscheiben (Keramikfliesen) oder dünne Natursteinplatten (Steinzeugfliesen) in unterschiedlichen Größen und Formen. Fliesen brauchen einen tragfähigen, ebenen Unterbau aus Beton. Sie werden in der Regel mit einem speziellen Kleber befestigt und danach wasserdicht verfugt.

Für Terrassenbeläge eignen sich nur spezielle Fliesen für stärkere Beanspruchung (Abriebgruppe IV). Auch diese recht strapazierfähigen Produkte sind natürlich empfindlicher als Vollziegel (Klinker) oder massive Naturstein- oder Betonplatten.

Preisvergleich Beton- und Natursteine pro m² (Auswahl)

Klinker (Normmaß)	ca. 30 €
Granitsteine (8 cm x 11 cm)	ca. 40 €
Porphyr (Würfelform, 8 cm x 11 cm)	ca. 50 €
Betonstein (H-Form)	ca. 16 €
Betonplatten (Gehwegplatten 50 cm x 50 cm)	ca. 16 €
Betonplatten (glatt, rosa gefärbt 40 cm x 40 cm)	ca. 40 €
Waschbetonplatten (40 cm x 40 cm)	ca. 20 €
Quarzitplatten	ca. 50 €
Kalkbruchplatten	ca. 35 €
Porphyrplatten (Bruchsteine)	ca. 16 €

Die Preise richten sich nach der Abnahmemenge. Angaben pro Tonne entsprechen etwa 5 m² (z. B. 1 Tonne Granitsteine zum Preis von 180 € entspricht 5 m² Pflasterfläche pro 36 €). Hinzu kommen Anfahrtkosten, Krankosten für das Abladen und eventuell die Mehrwertsteuer. Die Kosten für das Verlegen sind vom Material abhängig, je nach Unterbau und Bearbeitungsfähigkeit der Pflastersteine oder Platten.

Betonformteile für Wasserstellen

Betonringe

Betonformteile

Frischer Beton lässt sich beliebig formen, nach dem Trocknen wird er steinhart. Außerdem ist er wetterfest und pflanzenverträglich. Das macht ihn für die Gartengestaltung besonders wertvoll. Beispielsweise kann man damit Böschungen abstützen, Fundamente für Zäune oder Pergolen herstellen oder Wasserbecken bauen.

Der Handel bietet eine Menge Fertigprodukte aus Beton, die sich vorzüglich im Garten nutzen lassen. Fertigteile aus Beton, so genannte Formteile, machen viele Bauten im Garten möglich. So gibt es beispielsweise **Betonringe** (Schacht- oder Brunnenringe) in verschiedenen Größen, die sich sehr gut für den Bau eines Brunnens oder einer Zisterne eignen.

Selbstverständlich kann man die Ringe auch anders nutzen: Etwa zum Bau einer Teichlandschaft, indem mehrere Ringe zusammengestellt und wasserdicht isoliert werden, oder bei der Hangbefestigung, bei der die Ringe aneinander gereiht und mit Erde gefüllt werden, sodass sie eine unverrückbare Wand bilden. Ebenso nützlich können **Winkelformteile** sein. Damit können Sie beispielsweise eine sichere Barriere für wuchernde Pflanzen schaffen, indem Sie mehrere dieser Betonwinkel nebeneinander in den Boden einsenken. Aus den Formteilen lassen sich aber auch völlig wetterfeste Pflanzgefäße bauen.

Weiterhin gibt es Rohre aus Beton, die sich sehr gut als Punktfundamente etwa für eine Holzterrasse eignen. Dazu werden die Rohre senkrecht in den Boden eingesenkt und mit Mörtel gefüllt. Der **Mörtel** härtet, sodass massive Fundamente entstehen, die eine tragfähige Basis für den Holzboden bieten. Diese Punktfundamente sind übrigens auch frostsicher, wenn Sie etwa 100 cm lange Rohre verwenden, die ca. 70–80 cm tief in den Boden eingesenkt werden.

Profitipp

Der Aushub solch tiefer, schmaler Gruben ist mit einem Handbagger oder einem Erdlochbohrer möglich. Diese Werkzeuge gibt es im Fachhandel für Gartengeräte zu kaufen oder auch in Gerätezentralen zu mieten.

Neben Brunnenringen, Kanalrohren oder Winkelformteilen gibt es ein Sortiment anderer Betonprodukte, die sich im Garten nutzen lassen.

Der Nachteil der Betonformteile ist das große Gewicht. Für den Transport großer Teile ist ein Kranwagen nötig. Am besten lässt man Schachtringe und andere schwere Betonformteile von der Baustoffhandlung liefern.

Betonbecken mit Wasserpflanzen

Frischer Beton und Mörtel

Beton entsteht aus Kies, Zement und Wasser im Betonmischer oder – wenn kleine Mengen genügen – in einer Mörtelwanne. Dazu wird zunächst ein wenig Wasser eingefüllt. Dazu kommt nun der Zement. In diese Schlämme wird sogleich der Kies geschaufelt. Falls nötig gibt man noch Wasser dazu.

Durch gleichmäßiges Durchmischen bildet sich die typische graue, zähe Masse, die dann nach dem Ausgießen in einer vorbereiteten Schalung (z. B. aus Brettern) in wenigen Tagen aushärtet.

Für einen frostsicheren Beton ist für vier Teile Kies jeweils ein Teil Zement nötig (z. B. für vier Schaufeln voll Kies eine Schaufel voll Zement) und dazu etwas Wasser zum Anrühren. Für Magerbeton, der mit wenig Wasser recht trocken gemischt wird, genügen geringere Zementzugaben.

Genauso lässt sich Mörtel etwa zum Mauern von Klinkerwänden mischen. Statt Kies nimmt man jedoch zum Mörtelmischen Bausand. Im Baumarkt gibt es auch fertige Mischungen in Säcken, die nur mit Wasser angerührt werden. Ebenso sind Kleber für Fliesen in Pulverform erhältlich.

Bach aus Betonteilen

Baustoffe aus dem Forst

Wasserspiel aus Holz

Holz ist als Rohstoff zur Erstellung von Brücken, Stegen oder Wasserträgen unersetzlich. **Holz** lässt sich recht leicht bearbeiten, ist stabil und tragfähig und in luftigem Stand viele Jahre haltbar.

Der Naturbaustoff Holz wird vielfach von der Industrie weiterverarbeitet und dann zylindrisch gefräst, gefast und imprägniert in den Handel gebracht. Viele dieser Massenprodukte sind gut für die Gartengestaltung geeignet. So bieten sich Rundhölzer beispielsweise als Einfassung für ein Kunststoffbecken an, Holzroste können als Bodenbelag dienen und Flechtelemente geben guten Sichtschutz.

Holz vom Förster

Der Wald ist eine ideale Rohstoffquelle auch für die Gartengestaltung. Das selbst gemachte Rundholz eignet sich vorzüglich für Palisaden, Pergolen und Gartenzäune oder auch für den Bau von Brunnen und Wasserspielen.

Der Wald oder besser gesagt der Forst braucht Pflege. Das Auslichten ist für seine Verjüngung und Gesunderhaltung wichtig. Im Unterschied zu einem natürlichen Wald (z. B. Naturpark Bayerischer Wald), wo alles wild wachsen darf, ist ein Forst für die wirtschaftliche Nutzung geschaffen. Die meisten Forste, die heute genutzt werden, wurden schon im 19. Jahrhundert angelegt. Die Forstwirtschaft ist also eine alte Kulturform.

In Deutschland sind nahezu alle Wälder von Menschenhand angelegt oder unterliegen der forstwirtschaftlichen Pflege. Das Holz, das dabei anfällt, dient unter anderem als Bauholz, für die Papierindustrie oder für die Möbelherstellung. Es wird unter Obhut der **Förster** ausgewählt und »geerntet«. Dabei fällt auch Holz für Privatleute an, zumal ständig reichlich Bäume nachwachsen und die Forste regelmäßig Pflege brauchen. Diese ist von den Forstarbeitern kaum alleine zu bewältigen.

Vor allem schwaches Stangenholz, das beim Freischneiden schöner erhaltenswerter Bäume weichen muss, ist günstig zu bekommen. Immerhin bleiben von ca. 10 000 Bäumen, die ursprünglich auf einem Hektar (100 m x 100 m) angepflanzt wurden oder durch Samen von Mutterbäumen selbst aufgegangen sind, nur 100 ausgewachsene Exemplare übrig!

Die übrigen Bäume werden im Lauf der Jahre nach und nach gefällt, um Schädlingen und Krankheiten vorzubeugen. Schließlich müssen aber auch Sturmschäden beseitigt werden, bevor die geworfenen Bäume Borkenkäfern zum Opfer fallen.

Forststück zuweisen lassen

Meist im Spätwinter weisen die Förster der regionalen Forstämter oder ihre Vertreter interessierten

Die Motorsäge hilft beim Zerteilen

Privatleuten Forststücke zum Auslichten zu. Die Termine und die Bedingungen sind beim zuständigen Forstamt zu erfahren. Vorher wurden die störenden Bäume mit Farbe gekennzeichnet, sodass sie eindeutig zu erkennen sind. In der Regel werden sie nur als Brennholz genutzt. Ausgewählte Bäume eignen sich aber auch als Bauholz für den Garten.

Auf Wunsch bekommt man ein ausgewähltes Forststück zugeteilt, wenn eine besondere Holzart benötigt wird (z. B. Lärchenholz für Zaunpfosten). Natürlich nur, wenn ein Forststück mit solchen Bäumen dabei ist. Allerdings müssen nach der Zuteilung auch die anderen störenden Bäume gefällt und beseitigt werden.

Meist fallen innerhalb einer Parzelle genügend brauchbare Bäume für Bauholz an. Die anderen, weniger gut geeigneten kann man immer noch als Kaminholz nutzen. Die zugewiesenen Parzellen sind überschaubar, zumal sie in wenigen Wochen durchforstet sein müssen und dazu nur im Winter Gelegenheit ist. Denn dann sind die Bäume in der Saftruhe und die sommergrünen Arten unbelaubt.

Bis zum Frühjahr, bevor die Brutzeit der Vögel beginnt, muss die Aktion beendet sein. Am besten engagiert man zum Durchforsten Helfer. Alleine ist das Fällen, Entasten und Wegtragen der Stämme schlecht möglich.

Zum Fällen und Zerteilen der Bäume ist eine Motorkettensäge hilfreich und natürlich jemand, der sie bedienen kann. Eine Schutzkleidung ist zur eigenen Sicherheit vorgeschrieben. Die markierten Bäume müssen ganz entfernt wer-

Lärche

Tanne

Eiche

Buche

Birke

den. Dazu schneidet man sie am Wurzelhals, also direkt in Bodennähe ab, und zwar so, dass sie jeweils in eine Gasse fallen. Erhaltenswerte Bäume dürfen dabei nicht beschädigt werden.

Nach dem Entasten und Ablängen mit dem Beil wird das Holz am Waldrand gestapelt. Unbrauchbare Zweige und Gipfel können liegen bleiben, nachdem sie grob zerkleinert wurden. Schon jetzt kann man das Holz vorsortieren, und zwar gerade, dicke Stämme für Bauholz, lange Stangen für Kletterhilfen, dürre Stücke für Brennholz und dergleichen.

Auf jeden Fall muss der Förster das gesamte Holz bemessen oder schätzen können. Erst dann darf es abtransportiert werden. Der Preis berechnet sich pro Ster bzw. Kubikmeter und ist recht gering, sodass man günstig zu reichlich Bauholz kommt. Die Arbeitszeit ist allerdings nicht berechnet.

Der Transport geschieht bei kleinen Mengen am einfachsten mit dem PKW-Anhänger. Bei großen Mengen lohnt es sich, einen Mietcontainer zu bestellen, der per LKW zum Holzplatz befördert und nach dem Aufladen nach Hause transportiert wird. Dies ist jedoch nur möglich, wenn ein befestigter Zufahrtsweg zur Parzelle führt.

Richtig lagern und verarbeiten

Zuhause wird das Holz erst einmal gestapelt, bis Zeit zum Verarbeiten ist. Dicke Stämme, die sich zu Brettern oder Balken zerteilen lassen, wird man gleich nach dem Fällen direkt zum Sägewerk befördern. Von dort holt man das zugeschnittene Bauholz dann gegen entsprechenden Lohn ab. Eigene Balken und Bretter sind beispielsweise zum Bau einer Holzterrasse, eines Stegs zum Schwimmteich oder einer Pergola brauchbar.

Bis zum Bau müssen die Balken luftig und trocken auf einer ebenen Unterlage aufbewahrt werden. Das gilt auch für Rohlinge und für Brennholz. Brennholz muss übrigens mindestens zwei Jahre lang gelagert werden. Erst dann ist es gut getrocknet und bei der Verbrennung schadstoffarm.

Bauholz für den Garten kann sofort weiterverarbeitet werden, zumal im Winter mehr Zeit dazu ist als im Sommerhalbjahr. Allerdings schrumpft das frische Holz noch; man sagt, es schwindet. Rundhölzer für Zaunpfosten sollten geschält werden, denn unter der Borke siedeln oft Schädlinge, die das Splintholz angreifen und zerstören.

Holz, das mit dem Boden in Berührung kommt, morscht besonders schnell, zumal an den Übergangsstellen von der Erde zur

Luft. Hier sind die Mirkoorganismen besonders aktiv. Entweder stellt man es auf Fundamente (z. B. Metallpfostenanker) oder es wird imprägniert.

Ein ausdauerndes, unbedenkliches Mittel dazu ist Kaltbitumen. Dieses **Holzschutzmittel** ummantelt das Holz dicht und wird nicht ausgewaschen. Recht haltbar ist auch eine Kesseldruckimprägnierung in einer Industrieanlage. Sie lohnt sich besonders bei Holzbauteilen an Balkonen, Terrassen, bei Zäunen und dergleichen, die stets dem Wetter ausgesetzt sind und dennoch lange halten sollen.

Bei einfachen Holzelementen ist eine Imprägnierung überflüssig oder sogar schädlich. Keinesfalls sollten Wasserleitungen aus Holz oder Bohnenstangen mit Holzschutzmitteln behandelt werden. Die giftigen Stoffe gelangen sonst in den Garten.

Solche Rank- und Stützhilfen lassen sich sehr gut aus dem Forstholz machen. Die geraden Gipfel der gefällten Bäume sind ideal dafür. Auch die Zweige lassen sich nutzen. Zwar nicht als Bauholz, aber nach dem Häckseln für eigene Substrate, insbesondere für saures Moorbeetsubstrat oder für Rhododendronerde.

Wenn einige dicke Baumstämme in der Forstparzelle stehen, die stören, weil sie z. B. schief gewachsen sind, hat man damit einen Baustoff für rustikale Gartenmöbel. Sie eignen sich für Hocker, Tische oder Bänke.

Auch Wassertröge lassen sich aus Baumstämmen bauen. Wo der Sturm einen Baum mitsamt dem Wurzelstock umgedrückt hat, kann man das Holz und auch den Wurzelstock nutzen. In einem Heidebeet wirkt das urige Wurzelwerk wie ein Schmuckstück.

Konstruktiver Holzschutz

Holz ist im Vergleich zu Naturstein weniger ausdauernd. Selbst imprägnierte Bohlen verwittern mit der Zeit. Holzböden aus Brettern, Paletten oder Balken müssen auf jeden Fall luftig liegen. Holzböden brauchen ein verrottungsfestes Auflager oder Fundament. Dann können sie durchaus viele Jahre der Nutzung und dem Wetter standhalten.

Günstiges Bauholz aus dem Forst

Stahlmatten als Rankhilfen

Brunnen mit Messingarmatur

Baustahlmatten für Spaliere

Industriebaustoffe, die es in großen Mengen preiswert zu kaufen gibt, lassen sich sehr gut für Eigenkonstruktionen nutzen. So können gewöhnliche **Baustahlmatten**, die normalerweise zur Bewehrung von Betondecken dienen, auch für den Bau von Spalieren, Sichtschutzzäunen oder Rankgerüsten genutzt werden.

Die starren Stahlmatten sind in Baustoffhandlungen erhältlich. Sie bestehen aus Stahlstangen, die zu Gittern zusammengeschweißt sind. Die Matten haben eine Normgröße von 2,15 m x 5,00 m. Sie sind mit einem Bolzenschneider leicht in beliebig große Stücke zerteilbar.

Die Maße für die gewünschten **Spaliere** sollten also zu Hause schon berechnet und notiert werden. Dann ist bei der Beschaffung im Baustoffhandel der Zuschnitt auf passende Teile machbar.

Für Rosenspaliere genügen Streifen mit ca. 1 m Breite und einer Höhe von 3–5 m – je nachdem, ob sie zur Begrünung von stark wüchsigen Climberrosen dienen oder nur schwach wachsende Ramblerrosen tragen müssen. Climber wie etwa die »Sympathie« erreichen mit den Jahren eine Höhe von zwei bis drei Stockwerken. Sie brauchen entsprechend hohe und belastbare Kletterhilfen. Natürlich sind auch andere Erziehungsformen machbar. So breiten sich kräftige Kletterrosen auch flächig an einer freien Wand aus, wenn sie ein passendes Spalier haben. Dazu können ganze Baustahlmatten dienen.

Rostschutz

Die Baustahlmatten bieten gute Wachstumsbedingungen. Sie lassen sich etwa neben einem Wandbrunnen in geringem Abstand festdübeln. Obwohl sie optisch recht leicht wirken, sind die stabilen Stahlgewebe sehr tragfähig. Ein Zinkmantel macht die Spaliere wetterfest. Dieser silbrige **Rostschutz** ist in einer Verzinkerei möglich. Die Kosten dafür halten sich in Grenzen, zumal sich die Preise nach dem Gewicht richten.

Genaue Angaben sind per Telefon zu bekommen. Adressen finden Sie im Telefonbranchenbuch. Das Befestigungsmaterial für die Spaliere ist in speziellen Metallwarenhandlungen oder gelegentlich in Baumärkten zu bekommen. Allerdings benötigen die Kletterhilfen ausreichend stabile Halterungen. Ideal sind Ringschrauben, die es in verschiedenen Größen mit den dazu passenden Dübeln gibt.

Kletterrosen sind typische Spreizklimmer. Sie halten sich nicht mit speziellen Haftorganen an der Kletterhilfe fest, sondern bleiben mit ihren stacheligen Trieben zwischen den Streben hängen. Sie können also keine Wände erklimmen oder nur mithilfe von entsprechenden Spalieren. Dazu bieten sich sperrige Gerüste aus Holz oder Metall an, die den langen Rosentrieben den nötigen Halt geben. Die Triebe verholzen mit den Jahren und werden selbst stabil.

Kletterrosen eignen sich vorzüglich zur Bepflanzung oder als Kulisse eines Wandbrunnens. Am »Rosenbrunnen« blühen vom Frühsommer bis zum Herbst frische Rosenblüten auf, wenn mehrere remontierende Sorten gepflanzt werden.

Sicherheitstipp

Nach dem Abtrennen der Metallstäbe mit dem Bolzenschneider ist es nötig, die Schnittstellen zu entgraten. Der Transport der Baustahlmatten ist am besten mit einem PKW-Anhänger zu bewerkstelligen.

Eine Baustahlmatte in der Größe von 2,15 m x 5,00 m kostet ca. 35,– €. Für das Verzinken müssen pro kg Gewicht ca. 1,50 € berechnet werden. Hinzu kommen die Kosten für die Befestigungselemente.

Metallbauteile

Neben den Pfostenankern, die als Träger für Zäune, Pergolen, Lauben oder Gartenhütten dienen, gibt es ein Sortiment anderer Metallfertigteile wie etwa Winkelverbinder, die den Bau von Holzkonstruktionen erleichtern. Diese und andere Industriebaustoffe aus Metall wie beispielsweise Maschendraht, Zaunpfosten oder Konstruktionsbleche müssen auf jeden Fall wetterfest verzinkt oder kunststoffbeschichtet sein.

Beschaffen Sie sich vor der Terrassenplanung Kataloge und Prospekte mit Preislisten. Diese Broschüren können die Materialwahl erleichtern und auf günstige Bezugsquellen hinweisen. Zudem zeigen sie gute Anwendungsbeispiele. Außerdem haben die Baustoffhandlungen oft Ausstellungen eingerichtet. Hier werden Materialien und ihre Einsatzmöglichkeiten gezeigt.

Verzinkter Baustahl

Ringschrauben für Spaliere

Kombinationen

Wie im Haus lassen sich auch im Garten verschiedene Materialien miteinander kombinieren. So kann beispielsweise beim Brunnenbau ein schöner Natursteintrog als Wasserbecken dienen, während ein Edelstahlrohr den Wasserzulauf gewährleistet und Holzbohlen den Boden am Brunnen bilden.

Teiche brauchen Pumpen und Rollkies

Eine Solarpumpe versorgt diesen Sprudelstein

Welche **Pumpe** am besten für den gewünschten Bach oder Brunnen passt, ist aus den technischen Beschreibungen ersichtlich. Jedenfalls lohnt es sich, »das Herz« des Bachs oder des Brunnens bei einem kompetenten Händler zu kaufen, der anhand einer mitgebrachten Skizze das richtige Gerät auswählt. Der Händler tauscht die Pumpe auch um, wenn sie nach dem Probelauf den Ansprüchen nicht genügt.

Solarpumpen

Für solche Anlagen sind Solarpumpen mit dem nötigen Zubehör empfehlenswert, weil Siliziumzellen den elektrischen Strom produzieren. Sie funktionieren allerdings nur bei Sonne. Doch das stört nicht, weil bei bedecktem Himmel ohnehin kaum jemand am Wasser sitzt. Für einen kräftigen Sprudel ist eine starke Solarpumpe nötig. Dazu gehören die entsprechenden Solarmodule.

Die Versorgung, Verteilung und Klärung des Wassers funktioniert nur mittels Schläuchen, Düsen, Armaturen und dergleichen. Dieses Zubehör zu Brunnen, Bächen und Wasserspielen richtet sich nach der Art der Anlage und nach der Ausstattung. Ein umfangreiches Sortiment ist in jedem Bau- und Gartenmarkt zu bekommen.

Rollkies, Sand und andere Baustoffe

Zur Herstellung von Beton und Mörtel, aber auch für die Dränage, zum Auskleiden von Folien, zur Randgestaltung, zum Auspolstern und für weitere Arbeiten sind Sand und Kies nötig. Gewöhnlicher Bausand wird auf Bestellung per LKW zur Baustelle geliefert. Ebenso der Kies. Allerdings muss der Baustoffhändler wissen, welcher Kies gebraucht wird. Das kann beispielsweise **Rollkies** sein, der aus großen Kieseln mit einem Durchmesser von 16 bis 32 mm besteht.

Bei Betonkies, also Kies, der für Beton benötigt wird, sind auch feine Bestandteile dabei. Der Baustofflieferant weist bei der Bestellung auf verschiedene Kieskörnungen hin. Er erkundigt sich normalerweise nach der Verwendung und sorgt für die Lieferung des richtigen Materials. Das gilt auch für den Schotter, der für den Unterbau einer Pflasterfläche etwa am Brunnen gebraucht wird, und für den Splitt zum Pflastern.

Blähton – gebrannte Erde

Das Substrat für die Hydrokultur ist eigentlich als Dämmstoff für die Bauindustrie geschaffen worden. Es dient zur Trittschall- und Wärmedämmung etwa bei Bodenbelägen. Zudem wird **Blähton** als Drainagematerial an Kellerschächten und anderen feuchten Bereichen außen am Haus verwendet.

Ohne chemische Zusätze

Das Naturprodukt entsteht völlig ohne chemische Zusätze aus feinem Tongranulat. Dieses wird bei 1 200 Grad Celsius gebrannt. Dabei entstehen die rotbraunen Kügelchen, die eine harte Außenhaut und einen mit Poren durchsetzten Kern haben.

Das Material ist druckfest, wärmedämmend, feuerbeständig, frosthart und chemisch neutral. Bei der Pflanzkultur macht sich besonders die hohe Luft- und Wasserspeicherfähigkeit günstig bemerkbar.

Übrigens sind große Mengen im Baustoffhandel wesentlich günstiger zu bekommen als kleine Packungen speziell für die Hydrokultur. Blähton wird als Substrat der Pflanzen in einem Zimmerbrunnen gebraucht.

Rollkies als Teichrand

Blähton für die Hydrokultur

Bepflanzung mit Tauchern und Schwimmern

Seerosen Nymphaea alba …

… und Nymphaea Masaniella

Rohrkolben, Schilf und Binsen sind bekannt für ihre Vitalität. Wo sie Fuß gefasst haben, wuchern sie ein Wasserbecken in Kürze zu. Diese wüchsigen **Wasserpflanzen** sind sparsam einzusetzen, damit noch Platz für andere Pflanzen und natürlich auch von der Wasserfläche etwas übrig bleibt.

Weniger ist mehr

Grundsätzlich gilt bei der Bepflanzung von Brunnen, Bächen und anderen Wasserstellen: Weniger ist mehr! Immerhin soll ja die Wasserfläche gut zur Wirkung kommen und nicht zuwachsen. Dies geschieht nämlich schneller, als man vermutet. Zwei oder drei Rohrkolben und ein paar Schilfpflanzen »schaffen« einen kleinen Bottich schon im Jahr der Bepflanzung.

Solche Wucherer sind ungeeignet, außer sie bekommen beim Einsatz in ein Brunnenbecken eine Sperre, sodass sie keine Ausläufer treiben können. Am besten setzt man sie in Kübeln ein. Das gilt auch für andere vitale Pflanzen wie etwa für Seerosen, für Binsen und für den Hahnenfuß, zumal ein Wasserbecken nur wenig Raum für wenige Pflanzen bietet.

Fehler bei der Bepflanzung werden oft durch das Einfüllen von Erde gemacht. Gartenerde oder gar nährstoffreicher Kompost begünstigen natürlich das Wachstum der wüchsigen Arten. Solche **Substrate** sind deshalb völlig ungeeignet und gehören in den Garten, aber nicht in ein Wasserbecken.

Nur beim Einsatz der Pflanzen in Töpfen kann man sie in kleinen Mengen für die Erdmischungen hernehmen und mit Sand oder Kies strecken. Am besten ist ein nährstoffarmes Substrat, zumal die Wasserpflanzen ja Nährstoffe aus dem Wasser filtern. Gewöhnlich genügt es, die Topfpflanzen aus der Gärtnerei in große Töpfe mit sandigem Substrat zu setzen und am Boden des Wasserbeckens zu platzieren.

Ziegelsteine können in tiefen Becken als Unterbau für Flachwasserpflanzen nützlich sein. Wenige Pflanzen verschiedener Arten genügen. Falls nötig, kann man später immer noch nachpflanzen.

Ebenso sparsam sind Schwimm- oder **Tauchpflanzen** wie etwa die Wasserpest (Elodea canadensis) oder die Krebsschere (Stratiotes

Pflanzenauswahl

Feuchtzone (zeitweise überschwemmt)		**Wassertiefe**
Blutweiderich	Lythrum salicaria	0–10 cm
Echtes Mädesüß	Filipendula ulmaria	0–10 cm
Gilbweiderich	Lysimachia thyrsiflora	0–10 cm
Großer Wiesenknopf	Sanguisorba officinalis	0–10 cm
Scharfer Hahnenfuß	Ranunculus acris	0–10 cm
Sumpfbaldrian	Valeriana dioica	0–10 cm
Wiesenknöterich	Polygonum bistorta	0–10 cm
Sumpf- und Flachwasserzone (ständig feucht)		
Sumpfiris	Iris pseudacorus	0–10 cm
Sumpfdotterblume	Caltha palustris	0–20 cm
Wollgras	Eriophorum	0–20 cm
Fieberklee	Menyanthes trifoliata	10–20 cm
Blumenbinse	Butomus umbellatus	10–30 cm
Froschlöffel	Alisma plantago-aquatica	10–30 cm
Kalmus	Acorus calamus	10–30 cm
Pfeilkraut	Sagittaria sagittifolia	10–30 cm
Rohrkolben	Typha latifolia	10–30 cm
Schilfrohr	Phragmites australis	10–30 cm
Sumpfbinse	Juncus effusus	10–30 cm
Wasserminze	Mentha aquatica	10–30 cm
Tannenwedel	Hippuris vulgaris	20–50 cm
Tiefwasser (Tauchblatt- und Schwimmblattpflanzen)		
Hornkraut	Ceratophyllum demersum	30–80 cm
Laichkraut	Potamogeton	30–80 cm
Wasserpest	Elodea canadensis	30–80 cm
Tausendblatt	Myriophyllum spicatum	30–100 cm
Seekanne	Nymphoides peltata	50–80 cm
Seerose	Nymphaea-Arten und Sorten	50–150 cm
Gelbe Teichrose	Nuphar lutea	80–150 cm
Schwimmpflanzen		
Krebsschere	Stratiotes aloides	
Wasserlinse	Lemna minor	
Wasserhyazinthe	Eichhornia (frostempfindlich)	

Bepflanztes Bachufer

aloides) einzusetzen, denn sie wuchern auch ohne Bodenberührung stark. Sie lassen sich wie Algen einfach mit einem Rechen abfischen, wenn sie überhand nehmen.

Grüngürtel

Während die Bepflanzung im Wasserbecken sehr spärlich sein sollte, lässt sich das Ufer üppiger mit Stauden, Gräsern und Gehölzen gestalten. Das gilt besonders bei der Bachgestaltung. Die Uferpflanzung muss jedoch streng vom Wasser abgegrenzt sein, was durch das Aufstellen der Folien-

Iris sibirica

ränder oder die harten Kanten des Kunststoffbeckens geschieht. Denn sonst wachsen die **Uferpflanzen** in den Teich.

Mit Pflanzen gestalten

Wasserpflanzen unterscheiden sich hinsichtlich des Vorkommens in tiefen oder flachen Zonen sowie in der Gestalt und Blütenfarbe. Es gibt grasartige mit langen steilen Blättern wie Schilf, Rohrkolben oder Kalmus, buschig wachsende wie Seggen, Igelkolben oder Simsen, kriechende wie Hahnenfuß, Sumpfdotterblume oder Gauklerblume und natürlich solche Arten, die sich untergetaucht ausbreiten oder auf dem Wasser schwimmen. Im Wesentlichen sind es Stauden, die mehrjährig wachsen und zunehmend üppigere Bestände bilden.

Fieberklee in einem Teich

Bei der Pflanzung sind nicht nur die richtigen Pflanztiefen einzuhalten. Vielmehr sollten bei der Platzierung die Wuchsgrößen und Formen beachtet werden. Große Arten wie Schilf oder Rohrkolben gehören in den Hintergrund, kleine wie Sumpfdotterblumen oder Gauklerblumen kommen vorzugsweise in vordere Bereiche. Sonst gehen sie mit der Zeit im Dickicht der wuchernden Arten unter.

Selbstverständlich darf gezielt mit Blütenfarben gespielt werden. Gelbe Schwertlilien passen gut zu roten Seerosen. Die gelbe Scheinkalla lässt sich ebenfalls gut mit rosaroten Primeln kombinieren. Das blaue Hechtkraut wirkt zusammen mit blauen Wasserhyazinthen recht auffällig. So machen sich auch andere Kombinationen angenehm bemerkbar.

Setzen Sie stets mehrere Exemplare einer Art in kleinen Gruppen ein. Nur dann wirken die Blütenfarben. Allerdings dauert der Flor immer nur eine ziemlich begrenzte Zeit. Deshalb sollte die Farbwirkung der Blätter stärker zur Geltung kommen.

Wintergrüne Arten wie der Wasserschachtelhalm oder die Bachbunge haben besonders nach der Fülle des Sommers ihren Wert. Aber auch braune Schilfblätter oder die Samenstände der Rohrkolben sind im Winterhalbjahr nicht zu verachten.

Rund ums Wasser pflanzen

Selbstverständlich beschränkt sich die Bepflanzung an Gewässern nicht auf die nassen oder feuchten Zonen. Vielmehr gehören möglichst geräumige Uferbereiche dazu. Damit erweitern sich natürlich auch die Gestaltungsmöglichkeiten wesentlich.

Mit ausgewählten Gehölzen wie Hängekätzchenweiden oder Kopfweiden und dazu passenden Blütenstauden wie dem Weiderich, der mit einer Fülle an rosa Blüten aufwartet, und dem Felberich, der einen leuchtend gelben Flor entfaltet, lässt sich die Wasserstelle durchaus abwechslungsreich und bunt gestalten.

Wer die Auswahl nicht streng auf typische Wasser- und Uferpflanzen beschränkt, kann natürlich aus dem Vollen schöpfen. Denn auch Rittersporn, Phlox, Lupinen und eine Menge anderer Blütenstauden machen sich gut am Wasser. Dazu passen ebenfalls Blütengehölze wie Forsythien, Zierkirschen oder Weigelien.

Nutzpflanzen am Bach

Grundsätzlich ist gegen keine Gartenpflanze etwas einzuwenden, wenn sie richtig platziert wird. Selbst Kräuter wie Salbei oder Lavendel dürfen gerne am Wasser stehen und wer will, kann sogar dekorative Nutzpflanzen wie Artischocken, Zucchini, Rhabarber oder Mais an seinen Bach oder Brunnen pflanzen.

Geeignete Standorte suchen

Auch einjährige Sommerblumen wie Tagetes, Ageratum oder auch große Sonnenblumen machen sich eine Saison lang angenehm bemerkbar. Es gilt, geeignete Standorte zu suchen und den ausgewählten Pflanzen mit Blick in die nächste Zukunft ausreichend Raum zu gewähren. Allerdings sind Änderungen nicht ausgeschlossen und immer wieder nötig.

Mimulus am Bach

Üppiger Bärlauch

Die wichtigsten Werkzeuge

Auf diesen beiden Seiten finden Sie Kurzbeschreibungen der wesentlichen Werkzeuge, die Sie benötigen, um Brunnen, Wasserspiele und Bäche selbst zu bauen. Viele davon besitzt der passionierte Heimwerker ohnehin. Welche Werkzeuge Sie für einzelne Arbeitsgänge und -anleitungen brauchen, ersehen Sie aus den Abbildungen unter der Rubrik »Werkzeug«, die Sie bei allen Arbeitsanleitungen finden.

Werkzeuge zum Messen und Richten

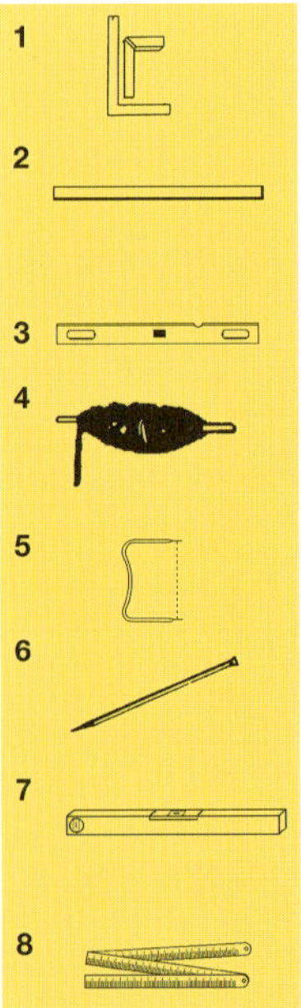

1 **Rechter Winkel:** Aus Stahl mit Schenkeln von 40 und 80 cm Länge, dient zum Richten von Ecksteinen etc.

2 **Richtlatte:** Zum Abziehen der Ausgleichsschicht vor dem Setzen des Kunststoffbeckens bei Teichen. Es genügt eine saubere Holzlatte mit parallelen Kanten. Die Länge schneiden Sie je nach Bedarf zu.

3 **Alu-Aufsetzlatte:** Zum Nachmessen.

4 **Richtschnur:** Aus Perlon, für die Absteckarbeiten. Sie ist ein wichtiges Hilfsmittel, um Fliesen und Klinkersteine in einer einheitlichen Flucht zu verlegen und Pfosten auszurichten.

5 **Schlauchwaage:** Um den Untergrund über längere Entfernungen waagrecht ausrichten zu können.

6 **Schnureisen:** Dient dem Ausfluchten. Sie sind 0,8 bis 1,2 m lang, 20 bis 30 mm im Durchmesser, gespitzt und aus Volleisen.

7 **Wasserwaage:** Sie enthält zwei Libellen zum Bestimmen der Horizontalen und der Vertikalen. Es gibt sie aus Holz oder Aluminium mit 60 bis 100 cm Länge.

8 **Zollstock:** Aus Holz, zusammenlegbar in 1 oder 2 m Länge.

Hilfsmittel für Erdarbeiten

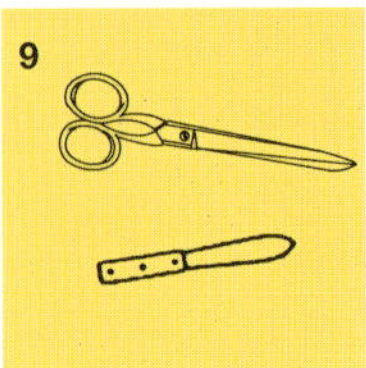

9 **Gartenschere und Gärtnermesser:** Eine Astschere und ein Taschenmesser gehören zur Grundausstattung. Mit der Schere werden unter anderem Zweige beschnitten oder Stauden gestutzt. Das Messer ist zur Wundbehandlung nützlich oder auch zum Stecklingeschneiden sowie zum Zuschneiden der Teichfolie.

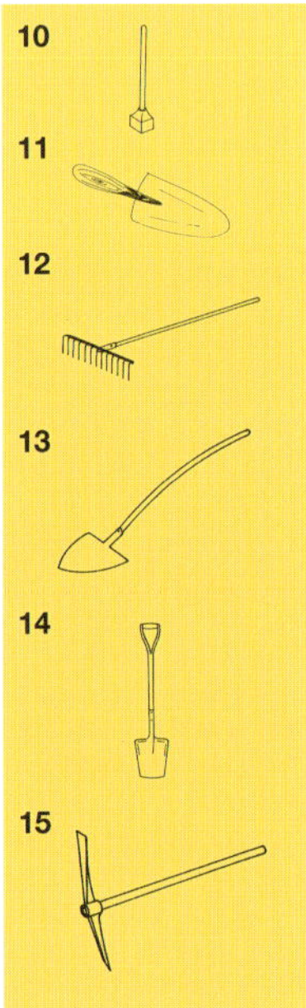

10 **Handstampfer:** Wird zur Untergrundverfestigung und zum Einrütteln von Steinen verwendet.

11 **Pflanzkelle:** Eine kleine, stumpfe Pflanzschaufel dient zum Einsetzen von Stauden und Gräsern auch im Wasserbecken.

12 **Rechen:** Ein Eisenrechen ist zum Ebnen des Bodens unverzichtbar. Ein Holzrechen mit geradem Rücken macht das Abziehen etwa von Rasenflächen am Wasserbecken möglich.

13 **Schaufel:** Für den Erdaushub wird eine Spitzschaufel gebraucht. Sie dient außerdem zum Modellieren sowie zum Laden von Rollkies, Sand und anderen Baustoffen.

14 **Spaten:** Ein geschmiedeter Gärtnerspaten mit Eschenholzstiel ermöglicht das Ausgraben und Pflanzen von Gehölzen sowie den Erdaushub von gewachsenem Boden und das Anlegen von Terrassen im Teichbett.

15 **Spitzhacke:** Ein Pickel oder eine Spitzhacke wird zum Lockern von verdichtetem Boden, zum Ausgraben von störenden Wurzelstöcken sowie zum Aushebeln von großen Steinen gebraucht.

Verlegewerkzeuge

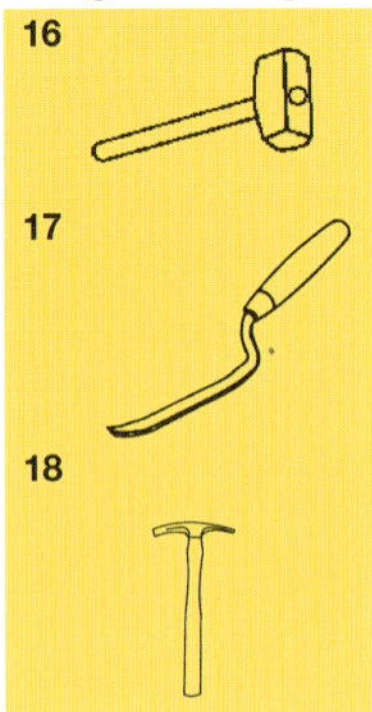

16 **Fäustel:** Werden in verschiedenen Größen im Gewicht von etwa 1000 bis 1500 g angeboten. Sie dienen dazu, Schnureisen einzuschlagen, Steine grob zuzuhauen etc.

17 **Fug(en)eisen:** Zum Ausfugen in verschiedenen Breiten von 0,8 bis 1,6 cm. Es ist als Hohl- und Flacheisen im Gebrauch, je nachdem ob voll oder hohl ausgefugt werden soll.

18 **Maurerhammer:** Sie sind ca. 1500 g schwer. Mit der vorderen Schneidefläche führt man feinere Arbeiten auf leicht zu bearbeitendem Stein durch. Hauptsächlich wird mit der hinteren senkrechten »Schlagbahn« des Hammers gearbeitet.

19
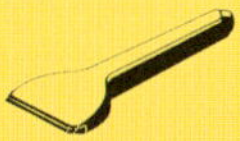
20

21

19 Scharriereisen: Das sind Meißel mit ca. 50 bis 150 mm breiten Schneiden. Sie werden gebraucht, um kleinste Unebenheiten von den Steinen zu entfernen.

20 Schlagmeißel: Meißel sind aus achtkantigem Stahl von 12/14/16/18/20 mm Durchmesser erhältlich. Ratsam ist eine Länge von 18 bis 22 cm. Mit dem Schlagmeißel lassen sich Kanten bearbeiten und gröbere Unebenheiten von der Oberfläche entfernen.

21 Spitzmeißel: Sind ebenfalls aus achtkantigem Stahl von gleichem Durchmesser und gleicher Länge wie der Schlagmeißel, jedoch auf Spitz geschmiedet. Damit lässt sich die Oberfläche von Steinen grob bearbeiten.

Elektrowerkzeuge und Maschinen

22

23
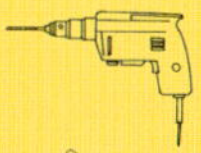
24

25

26

27

22 Betonmischmaschine: Für das Mischen größerer Mengen von Beton. Die Anschaffung eines Mischers lohnt sich für den Privatmann meist nicht. Besser ist das Ausleihen.

23 Bohrmaschine: Mit rechts und links drehendem Lauf für Schraubarbeiten. Gleichzeitig mit Schlagbohrvorrichtung für Bohren in Stahlbeton.

24 Kabeltrommel: Sie sollte mindestens 50 m Kabel führen.

25 Kleinlader: Kleiner Radlader, der den Erdaushub wesentlich erleichtert. Gibt es in verschiedenen Ausführungen in Mietzentralen oder gelegentlich auch bei Baufirmen für eine Tagesmiete von etwa 12,– € oder mit Fahrer pro Stunde für etwa 50,– € (Verhandlungsbasis).

26 Meißelhammer: Dient mittleren Meißelarbeiten und kann problemlos ausgeliehen werden.

27 Minibagger: Eignet sich beispielsweise für den Aushub von Fundamentgräben, jedoch weniger für den Transport von Material. Es lohnt sich, den Minibagger mit entsprechender Bedienung auszuleihen.

28

28 Rüttelplatte: Wird für größere Flächen mit einer zu verdichtenden Aufschüttung von 40 cm eingesetzt.

Werkzeuge zur Holzbearbeitung

29
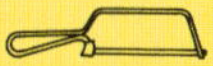
30

31
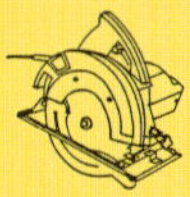
32

33

34

35

36
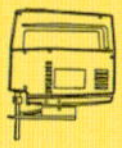

29 Bügelsäge: Besonders gut zum Zusägen von weniger starken Vierkant- oder Rundhölzern geeignet.

30 Elektrohobel: Glättet sägeraues Holz.

31 Hand- oder Tischkreissäge: Dient zum Ansägen von stärkeren Rund- und Kanthölzern. Die Handkreissäge befestigen Sie am besten an einem geeigneten Werktisch.

32 Holzbohrer: Benötigen Sie, um die Löcher für haltbare Schraubverbindungen vorzubohren.

33 Holzraspel: Zur gröberen Holzbearbeitung und zum Brechen der Kanten bei Vierkanthölzern.

34 Schleifpapier: Benötigen Sie, um noch raues Holz nach dem Raspeln oder Feilen zu glätten.

35 Stemmeisen: Für das Ausstemmen von Kerben bei Holzverbindungen.

36 Stichsäge: Zum Ablängen von Latten, Rund- und Kanthölzern zu verwenden, deren Durchmesser weniger als 60 mm beträgt.

Hilfswerkzeug

37
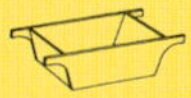
38
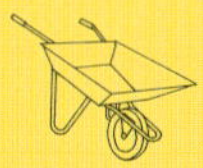
39
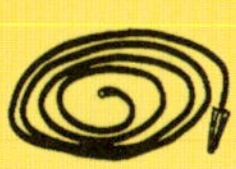

37 Mörtelwanne: Zum Anrühren von Mörtel oder zum Mischen von Beton mit der Schaufel.

38 Transporter: Schubkarre mit einem Rad für enge, kurvige Wege oder Zweiradkarre bei ausgebauten Wegen zum Transport von Erde, Pflanzen, Werkzeugen etc.

39 Regner, Schlauch, Bewässerungsgeräte: Ein Gartenschlauch wird zum Fluten des Wassergartens benötigt; dazu gehören die Anschlüsse und Düsen. Das Verteilen machen passende Regner möglich. Zum Gießen – etwa von Kübelpflanzen am Bach – wird eine Gießkanne gebraucht.

Zisternen- und Schlagbrunnenbau

Brunnen graben

Schon beim Hausbau lässt sich im Zuge der Baggerarbeiten das Bodenprofil erkennen. Grundstücke in Flussniederungen liegen oft auf Kies- oder Sandboden mit hohem Grundwasserstand.

Hier lohnt es sich, schon nach dem Hausbau einen Brunnen in den Boden einzusenken, der bis in den Grundwassersee reicht. Mit dem Bagger ist der Einsatz der schweren Betonringe leicht möglich. Meist werden diese ohnehin mit einem Kranwagen geliefert, der sie in die vorbereitete Grube hievt.

Wenn das Gartengrundstück nicht auf Grundwasser führendem Boden liegt, lohnt es sich, einen eigenen Wasserspeicher anzulegen. Dazu dient dann eine Zisterne mit Boden. Sie nimmt nach dem Installieren der Kunststoffrohre das Regenwasser vom Dach auf.

Bewährt haben sich Kunststofftanks, die ebenfalls in den Boden eingesenkt werden. Der Einbau einer Zisterne ist natürlich auch nachträglich noch machbar. Allerdings sind dann Beschädigungen der Gartenanlage nicht zu vermeiden.

Wer einen Grundwasser- oder Regenwasservorrat erschlossen hat, kann aus dem Vollen schöpfen. Das eigene Wasser ist sowohl zum Gartengießen als auch zur Versorgung eines Bachlaufs oder eines Brunnens ideal, zumal es kostenlos zur Verfügung steht und die Qualität dafür auf jeden Fall ausreicht.

Regenrohre anzapfen

Große Zisternen, die unterirdisch in den Garten eingebaut sind, bekommen schon nach dem Einsenken in den Boden die passenden Anschlüsse an das Dachrinnensystem. Nicht zu vergessen ist ein Überlauf mit entsprechendem Anschluss an die Kanalisation. Kleine Regenspeicher, die nachträglich gebaut oder aufgestellt werden, lassen sich mithilfe spezieller Regensammler versorgen. Solche Geräte gibt es mit Schlauchanschluss oder mit Klappe in Baumärkten. Der Einbau ist jederzeit möglich. Oft sind die Fallrohre am Haus schon dafür vorbereitet. Sie müssen nur abmontiert werden, was mit Flügelschrauben leicht möglich ist. Nach dem Abnehmen eines Rohrstücks lässt sich der Sammler einfach einsetzen.

Sicherheitstipp

Wenn Grundwasser oder Regenwasser zur Versorgung von Plantschbecken oder Wasserspielen genutzt wird, lohnt es sich, gelegentlich Wasserproben analysieren zu lassen. Hinweise oder Anschriften von Labors sind beim zuständigen Wasserwerk zu bekommen.

Schlagbrunnen

Eine bewährte Methode an das Grundwasser zu kommen ist das **Brunnenschlagen**. Ein Rammfilter wird in den Boden geschlagen, mit Rohren verlängert und weitergetrieben, bis der Grundwassersee erreicht ist. Die Methode ist natürlich nur auf Sand- oder Kiesböden mit hohem Grundwasserstand zu empfehlen. Auf felsigem Boden dringt der Rammfilter nicht tief genug in den Boden ein oder er driftet ab und ist dann verloren.

Der Bausatz und das nötige Zubehör zum Brunnenschlagen sind im Baumarkt zu bekommen. Dazu gehört neben dem **Rammfilter**, den Verlängerungsrohren, den Muffen und dem Rückschlagventil ein Schlagkopf aus Edelstahl. Dieser macht das Einschlagen der Rohre möglich und dient als Schutz der Gewinde. Einfacher als mit einem Vorschlaghammer gelingt das Brunnenschlagen mit einem Bohrhammer.

Zunächst hebt man eine Bodenmulde aus; der Rammfilter wird provisorisch eingeschlagen. Nun lässt sich eine Verbindungsmuffe mitsamt einer Hanf- oder Kunststoffabdichtung auf das Gewinde schrauben. Darauf kommt der Schlagkopf aus Edelstahl. Der Bohrhammer treibt den Rammfilter mühelos in den Boden. Sobald dieser versenkt ist, kann das erste Verlängerungsrohr aufgeschraubt werden. Nach dem Montieren des Schlagkopfes kommt erneut der Bohrhammer zum Einsatz.

Auf diese Weise wird der Rammfilter in den Boden getrieben, bis der Grundwassersee erreicht ist. Das ist deutlich zu erkennen, zumal der Schlagbrunnen dann spürbar tiefer sinkt. Nach dem Aufsetzen des Rückschlagventils und dem Montieren der Handschwengelpumpe – möglichst mit Verteiler für den Anschluss einer elektrischen Pumpe –, kann das Grundwasser erschlossen werden. Vor dem Probepumpen ist es nötig, Wasser in die Rohre zu füllen, sonst saugt die Pumpe nur Luft. Bei den ersten Pumpversuchen kommen Trübstoffe mit hoch, bis der Rammfilter sauber ist. Dann drükkt immer mehr Grundwasser in das Rohr. Die Pumpe kann fest montiert werden.

Materialbedarf:

1 Rammfilter, mehrere Verlängerungsrohre und Verbindungsmuffen
1 Rückschlagventil
1 Handschwengelpumpe
1 Brunnenfuß
Hanf zum Dichten

Brunnen schlagen

Testen der Pumpe

Teichfolien und Kunststoffbecken einsetzen

Folie zuschneiden

Klebeband mit Heißluft anbringen

Teichfolie ist nicht nur wegen ihres geringen Gewichts, der einfachen Beschaffung und ihrer Elastizität ein beliebter Baustoff, sondern auch, weil sie gut zu verarbeiten ist. Folie kann man biegen, schneiden und auch kleben.

Die Falten, die sich dabei im Teichbett bilden, schaden übrigens nicht. Sie bieten kleinen Tieren Unterschlupf und verschwinden nach dem Auskleiden des Teichbodens unsichtbar unter der Kies- oder Sandschicht.

Allerdings erfordert die Verarbeitung besondere Aufmerksamkeit, denn kleine Fehler können langwierige Folgen haben. Kaufen Sie deshalb nur gut verarbeitete Markenware mit Langzeitgarantie.

Meistens werden Bahnen in genormten Maßen von der Rolle angeboten. Beim Kauf von Meterware müssen Sie allerdings fast immer einen Verschnitt in Kauf nehmen. Sie können Ihre Folie aber auch in der gewünschten Größe bestellen. Das hat bei der Anlage eines großen Teichs in Kombination mit einem Bachlauf außerdem den Vorteil, dass Sie die Bahnen nicht selbst kleben müssen.

Die meisten Hersteller gewähren auch für die nach Ihren Wünschen angefertigten Verschweißungen die übliche Garantie. Wenn Sie Ihre Teichfolie selbst schweißen, erlischt dieser Garantieanspruch allerdings; zumindest für die Schweißnähte.

Vermeiden Sie eigene Schweißnähte, denn es sind immer Schwachstellen. Wenn sie dennoch nötig sind (etwa bei Bachläufen), sollten Sie sorgfältig vorgehen. Es gibt übrigens verschiedene Mittel und Möglichkeiten – vom Spezialkleber bis zu Klebebändern von der Rolle, die zusätzlich mit Heißluft befestigt werden.

Bei allen Arbeiten mit Folie sind geeigneter Boden und »ungefährliche« Kleidung wie etwa Turnschuhe wichtig, um keine Schäden zu verursachen.

Kunststoffbecken einsetzen

Anders als Teichfolien, die sich jedem Bodenprofil anpassen, geben starre Kunststoffbecken die Form der Erdgrube vor. Die Grube muss dementsprechend ausgekoffert werden. Allerdings ist es nicht nötig, bei stufenförmig beschaffenen Teichbecken ein exakt angepasstes Profil im Boden auszustechen. Es genügt, wie bei Teichbecken mit einfachen Formen, eine ausreichend große Grube auszuheben. Das ist bei großen Becken am einfachsten mit einem Bagger oder Minilader machbar.

Die Grube sollte nach dem Einsetzen des Kunststoffbeckens noch genügend Raum zum Arbeiten bieten. Beachten Sie, dass die Sohle der Grube genau waagrecht und eben beschaffen ist.

Auf felsigem Boden empfiehlt es sich, Bausand einzufüllen, der mit der Richtlatte abgezogen wird. Die Grube muss dann dementsprechend tiefer ausgehoben werden, damit der Beckenrand danach noch bündig zum Erdboden im Teichbett sitzt. Auf gewachsenem Sand- oder Humusboden ist kein Füllmaterial nötig.

Nach dem Planieren der Sohle lässt sich das Kunststoffbecken im vorbereiteten Teichbett platzieren. Bei großen Becken sollte dies mit mehreren Personen erfolgen, damit keine lose Erde abrutscht. Sobald das Becken im Boden versenkt ist, beginnt das Füllen mit Wasser. Das Gewicht des Wassers verhindert das Aufschwimmen des leichten Kunststoffbeckens beim nachfolgenden Einschlämmen der Aushuberde in die Zwischenräume. Grobe Erdbrocken sind durch lockeren Humus oder Sand zu ersetzen.

Zu beachten ist, dass sich keine Hohlräume zwischen dem Teichbett und der Kunststoffwandung bilden. Das Einspülen der Erde mit dem Wasserschlauch verhindert dies. Das Einfüllen muss rundherum gleichmäßig erfolgen, damit kein einseitiger Druck auf das Kunststoffbecken ausgeübt wird.

Teichbecken einbauen

Folie für eine Wasseranlage ausrollen

Konstruktiver Holzschutz verhindert Fäulnis

Der Baustoff Holz ist mit einfachen Handwerkzeugen wie einer Bügelsäge zum Ablängen und einem Beil zum Anspitzen gut zu bearbeiten. Das gilt insbesondere für Rohholz aus dem Forst. Für Arbeiten mit Brettern, Bohlen und Balken sind Elektrogeräte wie Kreissäge, Stichsäge und Hobel zweckmäßig sowie eine Bohrmaschine für den Zusammenbau.

Angespitztes Rundholz

Holzverschalung imprägnieren

Aufwändige Zapfverbindungen werden mittlerweile auch bei professionellen Holzkonstruktionen durch **Winkelverbinder** aus Metall oder Lochbleche ersetzt. Beim Bau von Brunnen, Bächen und Wasserspielen kommen Holzelemente etwa für Wasserrohre aus Rundholz, Stege am Bach oder Tröge aus Baumstämmen zum Einsatz. Zudem dienen Holzbauteile zur Konstruktion von Pergolen, Möbeln, Holzböden oder Spalieren neben den Wasserstellen.

Holzschutz

Imprägnierungsmittel und Farben sind oft schadstoffhaltig. Das heißt sie enthalten Wirkstoffe, die das Material schützen und Schädlinge, insbesondere Pilze, abwehren. Ihr Einsatz ist also immer bedenklich, auch wenn sie keiner Giftklasse zugeordnet sind. Selbst Produkte, die den »Blauen Umweltengel« tragen, sind nicht giftfrei, sondern nur schadstoffarm.

Am besten verzichtet man deshalb auf Imprägnierungsmittel und Farben, wo dies möglich ist, oder ersetzt sie durch unbedenkliche Produkte und Techniken. Oder aber man wählt Baustoffe, die keinen Schutz brauchen. Wo eine **Imprägnierung** nötig ist, sind auf jeden Fall die entsprechenden Vorschriften einzuhalten und die Produkte richtig zu verarbeiten.

Verrottungsfeste Baustoffe

Im Freien sind die Materialien dem Wetter ausgesetzt. Besonders stark verwittern Holzbaustoffe, wenn sie keinen Schutz bekommen – es sei denn, es sind verrottungsfeste Hölzer (z. B. Robinie oder Red Cedar).

Wetterbeständige Materialien sind im Freien den leicht verrottbaren überlegen. Statt Wasserfässer aus Holz bieten sich beispielsweise Natursteintröge an, statt einfacher Fichtenbretter auf Holzterrassen Robinienbohlen. Doch selbst solche wetterfesten Baustoffe sind nicht unbegrenzt haltbar. Allerdings hält Stein wesentlich länger als Holz und spezieller Kunststoff für draußen braucht keine Imprägnierung.

Imprägnieren lassen

Wo auf Holz nicht verzichtet werden soll, ist eine sehr wirksame Imprägnierung außer Haus möglich. Beispielsweise lässt sich Holz recht dauerhaft durch eine **Kesseldruckimprägnierung** haltbar machen. Kesseldruckimprägniertes Holz ist in grünen oder braunen Farbtönen erhältlich.

Am stärksten verwittert Holz an der Übergangsstelle von der Erde zur Luft. Selbst mit hochgiftigen Mitteln getränkte Hölzer (z. B. Eisenbahnschwellen) sind nicht davor gefeit. Eine Möglichkeit, das Holz an dieser Stelle beziehungsweise bei Pfosten von dieser Stelle bis nach unten zu schützen, ist ein Anstrich mit Bitumen.

Eine alte Technik, um Holzpfosten haltbar zu machen, ist das Ankohlen in offenem Feuer. Auch dabei bildet sich ein Überzug, der den Holzkern versiegelt.

Konstruktiver Holzschutz

Einfache, aber wirksame Holzschutztechniken werden schon angewendet, seit es Holz als Baustoff gibt. So dienen beispielsweise die großen Dachvorspünge alter Bauernhäuser als Regenschutz der Holzwände.

Auch heute noch kommen Bauweisen zum Einsatz, die einen Wetterschutz gewährleisten. Vor allem ist stets darauf zu achten, dass Regenwasser zügig ablaufen kann. Denn Staunässe ist schädlich und verursacht selbst bei imprägnierten Hölzern Fäulnis.

Grundsätzlich sollten Holzbauteile luftig liegen, stehen oder befestigt sein. Denn auch Feuchtigkeit durch Kondenswasser oder durch Regenwasser, das in Ritzen eindringt, hat Fäulnis zur Folge. So sollte beispielsweise bei Wandverkleidungen stets eine gute Hinterlüftung möglich sein. Dazu werden die Holzelemente mittels Abstandhaltern montiert. Das gilt natürlich auch bei der Montage von Holzspalieren für Kletterpflanzen und dergleichen.

Bodenkontakt ist nach Möglichkeit zu vermeiden. Man stellt Hölzer besser auf Betonfundamente oder auf **Pfostenanker** aus verzinktem Metall. Zu achten ist ebenso auf einen raschen Wasserablauf. So sollten etwa Stege am Teich so gebaut sein, dass eine gute Luftzirkulation möglich ist. Dazu werden die Bohlen mit geringen Fugen montiert.

Holzzäune, die etwa zur Sicherung am Wasser dienen, halten länger, wenn die Pfosten nach dem Anschrägen ein Schutzbrett erhalten.

Stege sollten luftig liegen

Rundholz als Zapfstelle

Von Fertigteilen und frischem Beton

Frischer Beton aus dem Mischer

Neben Betonformteilen wie Betonringen für massive runde Wasserbecken, Betonrohren für Punktfundamente oder Betonsteinen zum Mauern von Wänden ist frischer Beton ein unverzichtbarer Baustoff bei der Gestaltung von Brunnen, Bächen, Wasserspielen und anderen Elementen im Garten. So wird Beton etwa zum Gießen von eigenen Trögen oder zum Anfertigen von Streifenfundamenten benötigt.

Die Produktion erfolgt am besten in der Maschine. **Betonmischer** sind recht preisgünstig bei Gerätemietzentralen zu leihen. Wo häufig frischer Beton oder Mörtel gebraucht wird – etwa beim Hausbau oder bei der Gartengestaltung –, lohnt sich der Kauf eines Mischers. Die leistungsfähigen Geräte funktionieren zuverlässig und sind viele Jahre betriebsbereit, wenn sie nach dem Einsatz gründlich gereinigt werden.

Ein Betonring wird zum Brunnenbau verwendet

Das Betonmischen ist zwar eine kraftaufwändige, aber einfache Angelegenheit. Für eine Füllung, die eine Bauschubkarre voll frischen Beton ergibt, werden etwa 12 Schaufeln Kies, 3 Schaufeln Zement und 10 Liter Wasser gebraucht (Mischungsverhältnis 1 : 4). Zunächst wird das Wasser in die Trommel geschüttet. Dazu kommt der Zement. In diese Zementschlämme schaufelt man nun den Kies. Wenn die Masse zu trocken ist, wird noch etwas Wasser dazu gegeben.

Die Konsistenz des Betons richtet sich nach der Verwendung. Für **Fundamente**, etwa zum Ausgießen in eine vorgefertigte Holzschalung, sollte der Beton flüssiger sein als zum Ausfugen von Kieselsteinen, etwa für den Unterbau einer Teichfolie beim Bachbau.

Massive Bauten aus Stein und Ziegel

Gartenmauern sind fest stehende Gestaltungselemente. Sie müssen richtig geplant und gebaut werden und sicher gründen. Mit Ausnahme von Trockenmauern, die ohne Mörtel und nur mit Erde aufgeschichtet werden, braucht jedes Mauerwerk ein frostsicheres Fundament. Dieses muss etwa 90 cm tief in den Boden reichen und massiv aus Beton beschaffen sein.

Das Fundament muss nicht breit sein, aber tief

Auf diese Mauersohle lässt sich jede beliebige **Mauer** stellen – vorausgesetzt sie bedarf keiner Genehmigung oder es gibt dafür einen genehmigten Plan. Das kann beispielsweise eine Klinkermauer für einen Wandbrunnen sein, die zugleich einen Sitzplatz abschirmt.

Zum Mauerbau eignen sich alle möglichen Steine. So etwa Klinker, Natursteine oder **Kalksandsteine**, die eine schöne Oberfläche haben und frostsicher sind und keinen schützenden Verputz brauchen.

Gewöhnliche Ziegelmauern sind nicht frostsicher. Sie müssen mit Mörtel verputzt werden, weil sonst Wasser eindringen kann und der Frost die Ziegel brüchig macht. Ein Verputz ist ebenso bei Betonsteinmauern günstig, aber weniger zum Schutz, sondern zum Verschönern. Das gilt auch für Betonwände, die aus Fertigteilen zusammengefügt sind oder mithilfe einer Schalung gegossen werden.

Natürlich lassen sich alle Mauern mit **Kletterpflanzen** begrünen. Das macht sie weniger wuchtig und bindet sie besser in den Garten ein. Am wertvollsten sind immergrüne Kletterpflanzen wie der Efeu, das immergrüne Geißblatt (Lonicera henry) und auch der immergrüne Spindelstrauch (Euonymus fortunei var. radicans). Die Selbstklimmer unter ihnen brauchen keine Kletterhilfe. Den Schlingern und Rankern, die keine Haftwurzeln treiben, muss in den ersten Jahren hochgeholfen werden. Sobald sie die Mauerkrone erreicht und überwunden haben, halten sie sich selbst fest.

Standort

Eine Gartenmauer passt – wo sie genehmigt ist – gut als Grundstückseinfriedung zur Straße. Hier schützt sie vor Schmutz, Lärm und Einblicken. Sie kann aber auch zur Abteilung von Gartennischen dienen oder als Schutzwand an der Nordseite und zugleich als Rückwand für einen Wandbrunnen.

Fundament

Das Betonfundament muss nicht breit sein, aber tief. Normalerweise genügt es, wenn die Sohle so breit ist wie die Wandstärke der Mauer, zumal das Fundament nur von oben belastet wird und fest im Boden sitzt. Beim Erdaushub mit Schaufel und Spaten entsteht aber meistens ein etwas breiterer Graben, der dann mit entsprechend viel Beton ausgegossen wird. Das kann Fertigbeton sein oder selbst gemachter aus dem Betonmischer.

Erste Steine auf dem Fundament

Kontrolle mit der Wasserwaage

Wenn ein Betonsockel entstehen soll, der aus der Erde ragt, ist eine **Schalung** aus Holzplatten nötig, die den frischen Beton aufnimmt und aushärten lässt. Sie wird aus Schaldeckeln gebaut oder aus fertigen Schalungselementen, die man bei Baufirmen leihen kann.

Natürlich nimmt der Betonsockel genau die Form an, die von der Schalung vorgegeben wird. Sie muss deshalb genau eingerichtet und zudem gut befestigt werden, damit der schwere Beton sie nicht verdrückt.

Der Beton wird im Verhältnis von 1:4 gemischt (auf 4 Teile Betonkies kommt 1 Teil Zement). Zum Anmischen der zähen Masse ist zudem entsprechend viel Wasser nötig. Eine **Bewehrung** mit Stahlstangen braucht ein Sockel in der Regel nicht. Dagegen ist eine ausreichende Bewehrung bei Stützmauern oder Betonwänden unverzichtbar.

Aufmauern

Für den Mauerbau ist eine ausreichende Menge der gewünschten Steine nötig. Der Mörtel wird aus Sand und Zement gemischt. Die Steine legt man im Verband mit einer Fugenbreite von etwa 1 cm auf Mörtel. Je nach Steinart sind verschiedene Verbände möglich. Für den senkrechten Aufbau benötigt man eine Wasserwaage. Die Richtung gibt am Boden das Fundament und oben in Mauerkronenhöhe eine Schnur vor.

Profitipp

In jeder Siedlung sind andere Baubestimmungen gültig. So kann es sein, dass mancherorts kein Plan für ein Mauerwerk nötig oder der Mauerbau bis zu einer bestimmten Höhe genehmigungsfrei ist, während andernorts grundsätzlich keine Mauern erlaubt sind. Ein Anruf beim Bauamt gibt Sicherheit und bewahrt vor Unannehmlichkeiten.

Wasserpumpen richtig aufstellen

Die Installation der Wasserpumpe richtet sich nach dem Typ. Es gibt **Tauchpumpen**, die einen Platz unter Wasser im Brunnenbecken oder im Teich brauchen, sowie **Saugpumpen**, die im Trockenen stehen. Alle gewöhnlichen Springbrunnenpumpen werden direkt ins Wasserbecken gesetzt. Die Tiefe richtet sich nach der Leistung und nach der Art der Düsen. Falls nötig erhält die Pumpe einen Sockel aus Ziegeln oder Betonsteinen, damit sie einen wirkungsvollen Wasserschwall oder den erwünschten Sprudel produziert.

Bei tiefem Stand, etwa auf dem Boden eines Schwimmteiches, ist der Aufsatz eines Verlängerungsrohres möglich. Unterwasserpumpen müssen rutschsicher am Boden stehen. Saugfüße aus Gummi gewährleisten einen festen Stand.

Gewöhnliche **Kolbenpumpen**, die als Entwässerungspumpen, zur Förderung von Brunnenwasser oder für den Betrieb eines Baches dienen, werden einfach ins Teichbecken eingesenkt. Sie lassen sich bei Bedarf – etwa zur Reinigung – am Wasserschlauch oder mithilfe einer Sicherungsschnur wieder aus dem Wasser holen.

Möglich ist auch der Einsatz in einen separaten Schacht neben dem Teich, der stets mit Wasser gefüllt ist. Ein solcher **Pumpenschacht** wird beispielsweise aus Betonringen oder aus einer Regenwassertonne gebaut.

Den Schacht senkt man direkt neben dem Teich in den Boden ein. Diese Unterbringung bietet sich besonders für Pumpen mit Filter an, zumal sie im Schacht zur Reinigung gut erreichbar sind.

Wasserpumpen, die im Trockenen stehen, so etwa Hauswasserwerke oder Jetpumpen, erhalten einen Platz im Keller, in einem Nebengebäude oder in einer Kammer direkt neben der Wasserstelle. Dafür eignet sich beispielsweise ein Holzkasten, der als Sockel für eine Handschwengelpumpe angefertigt wird.

Der dazugehörige Wasserschlauch, der etwa von der Pumpe im Teich zum Quellstein am Bach führt, muss sicher befestigt und richtig verlegt sein. Dafür gibt es Schlauchklemmen aus Edelstahl, die festgeschraubt werden. Schläuche, die im Boden verlegt sind, müssen druckstabil sein.

Betonring als Pumpenschacht

Sockel für die Jetpumpe

Pflanzenpracht durch Aussaat und Teilung

Die meisten Wasserpflanzen sind äußerst wüchsig, sie breiten sich in Kürze auf der Oberfläche oder unter Wasser aus. Wasserhyazinthen (Eichhornia) bedecken in ihrer afrikanischen Heimat riesige Wasserflächen. Ebenso vital sind die heimischen Wasserlinsen (Lemna minor), die kleine Tümpel und Dorfweiher völlig zuwachsen.

Diese und andere Arten wie etwa auch der Schwimmfarn (Salvinia natans) und der Wassersalat (Pistia) vermehren sich selbst. Eine Hand voll dieser Pflanzen entwickelt sich in einer Wasserschale bald zu einem dichten Teppich. Man muss sie dann nur abfischen und umquartieren.

Stauden und Gräser teilen

Aber nicht nur **Schwimmpflanzen** sind in einem Zimmer- oder Balkonteich, in Staustellen in einem Bach oder in einem großen Brunnenbecken willkommen, sondern auch Staudenartige, die im Schlamm wurzeln, um Blätter und Blüten nach oben zu treiben. So lassen sich etwa Papyrusstauden (Cyperus papyrus), Zwergseerosen (Nymphaea-Arten) oder auch Raritäten wie Lotosblumen (Nelumbo-Arten) ganz einfach durch Teilstücke oder durch Teilung des Wurzelstocks gewinnen.

Der Schwimmfarn vermehrt sich selbst

Andere empfehlenswerte Arten, die sich – da sie ein frostsicheres Winterquartier brauchen – besonders für Schalen eignen, sind die Zimmercalla (Zantedeschia), der Molchschwanz (Saururus) oder der Wasseraronstab (Peltandra). Alle diese, aber auch andere Stauden und Gräser teilt man am besten im Frühjahr beim Ausräumen der Schalen ins Freie.

Übrigens ist zwischen immergrünen und sommergrünen Arten zu unterscheiden. Wenn Sie auch im Winter grüne Wasserpflanzen im Haus haben möchten, wählen Sie vorzugsweise tropische Arten, also Papyrusstauden, Wasserhyazinthen oder tropische Seerosen.

Heimische Stauden wie etwa die Seekanne (Nymphoides peltata), das Pfeilkraut (Sagittaria) oder die Wasserschwertlilie (Iris pseudacorus), die gleichermaßen für Gartenteiche und flache Schalen geeignet sind, ziehen im Winter ein. Das bedeutet, die Blätter welken und die Pflanzen überwintern in den Wurzeln.

Aussaat

Wasserpflanzen für drinnen und draußen bekommt man im Gartencenter, in der Staudengärtnerei oder bei Bekannten. Damit hat man einen gewissen Bestand an Mutterpflanzen für die Vermehrung durch Teilung. Von seltenen Arten, die nicht erhältlich sind, gibt es gelegentlich Samen.

Die Aussaat exotischer Wasserpflanzen ist rund ums Jahr möglich. Die Heimischen sät man vorzugsweise im Frühjahr oder direkt nach der Samenernte, und zwar in ständig feuchtes Substrat.

Die Seekanne zieht im Winter ein

Zwergseerosen lassen sich teilen

Die **Stecklingsvermehrung** ist bei Wasserpflanzen weniger üblich – die Papyrusstaude ausgenommen. Sie lässt sich ganz einfach durch Blattschöpfe gewinnen, die von der Mutterpflanze abgeschnitten und umgedreht in ein wassergefülltes Gefäß gelegt werden. Diese »Stecklinge« bewurzeln in wenigen Wochen und können dann in Töpfe mit nasser Lehmerde vereinzelt werden.

Schöne Schwimmer in Schalen

Die Vermehrung von Wasserhyazinthen, Schwimmfarn und anderen tropischen Wasserpflanzen lohnt sich. Denn Schalen, Töpfe oder Bottiche mit solchen Pflanzen sind eine angenehme Abwechslung. Je nach Größe passen sie auf Fensterbänke oder in den Wintergarten. Im Sommer bekommt ihnen auch der Aufenthalt im Freien.

Die Gefäße müssen selbstverständlich völlig wasserdicht sein. Sehr schön wirken die Wasserpflanzen in Glasschalen, weil hier auch die Wurzeln und die untergetauchten Pflanzenteile vollständig zu sehen sind.

Teilung einer Staude

Sprudelbecken für Haus und Balkon

Für drinnen und draußen ist dieser Brunnen geeignet

Material

Latten, Bretter, Zierleisten, Möbelrollen, Schrauben, Hydrokulturgefäße, Kiesel, Pflanzen, Pumpe

Werkzeug

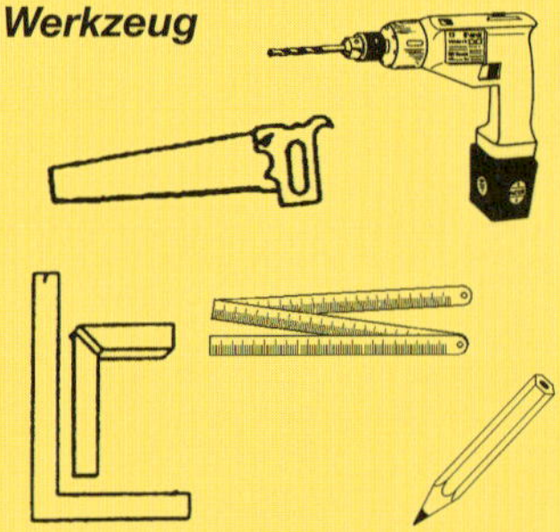

Schwierigkeitsgrad

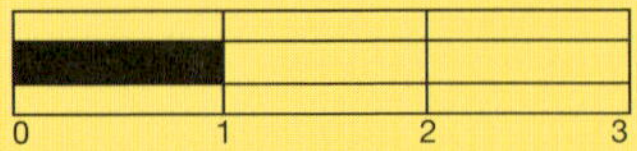

Kraftaufwand

Arbeitszeit

Sie benötigen etwa 3 Stunden.

Ersparnis

Durch Eigenleistung sind ca. 50 € einzusparen.

Sprudelndes Wasser wirkt beruhigend und erfrischend zugleich. Zimmerbrunnen gehören deshalb zur Einrichtung vieler Büros und Wohnungen. Eine kleine Quelle lässt sich auch in einem selbst gebauten Wasserbecken installieren.

Ob die ständig plätschernde Quelle von allen Bewohnern als angenehm empfunden wird, lässt sich leicht feststellen. Zur Probe kann zunächst ein kleiner Brunnen besorgt werden. Solche fertigen Arrangements gibt es oft schon für 20 €. Sie enthalten in einer Schale die Wasserpumpe, einen Sprudelstein (z. B. aus Lava), eine Abdekkung aus Kunststoff sowie Pflanzen, Wasserstandsanzeiger und Kiesel oder Lavasteine zum Kaschieren.

So ein Minibrunnen läuft normalerweise nach dem Auffüllen mit Wasser und dem Anstecken an den Stromkreis einwandfrei und ohne besondere Wartung. Wenn nach der Probe oder Gewöhnungszeit eine leistungsfähigere Quelle erwünscht ist oder an anderer Stelle installiert werden soll, lässt sich einfach ein größerer Brunnen anschaffen oder selbst herstellen.

1 Für den Betrieb des Wassers eignet sich eine schon vorhandene Pumpe, die beispielsweise vorher in einem kleinen Teich einen Sprudelstein versorgte und durch eine stärkere Pumpe ersetzt wurde. Die meisten Kreiselpumpen sind regulierbar. Sie laufen in den fertigen Brunnen nicht mit voller Leistung.

Solche Pumpen brauchen wenig Strom (je nach Typ 10–40 Watt), funktionieren zuverlässig und benötigen nur gelegentlich eine Reinigung, sobald der Wasserschwall schwächer wird. Dazu lässt sich der Filter abnehmen und nach dem Auswaschen wieder aufstekken. Die Ausströmöffnung kann mit einem passenden Kunststoffrohr verlängert werden.

2 Zum Herzstück, der Pumpe, kommen noch passende Hydrokulturgefäße oder andere wasserdichte Wannen sowie Kiesel, Lavasteine oder Blähton und auf Wunsch ein ausgewählter Sprudelstein. Der Bau eines Zimmerbrunnens ist mit gewöhnlichen Profilholzbrettern möglich. Für den Rahmen dienen Dachlatten oder Abfallhölzer von bereits erledigten Holzarbeiten im oder am Haus.

1

2

3

4

5

6

Für die Pumpe und das Pflanzbekken sind völlig wasserdichte Behälter nötig. Dafür bieten sich Hydrokulturgefäße oder preisgünstigere Kunststoffwannen an.

Vor der Planung und Montage sollte zunächst die vorhandene Pumpe getestet werden. Die Größe des Brunnens und des dazugehörigen Holzkastens lässt sich dann – falls nötig – noch verändern. Allerdings ist auch die Leistung der Pumpe regulierbar, wenn sie einen zu starken Sprudel erzeugt und das Wasser über die Wandung hinaus plätschert.

Der Holzkasten lässt sich der vorhandenen Wohnungseinrichtung oder den Balkonmöbeln anpassen. Statt einfacher Fichtenbretter eignen sich auch edlere Hölzer – etwa aus wetterfester Eiche oder Robinie – zur Fertigung der Holzwandung. Ein Fichtenholzkasten kann mit Farbe gestaltet werden.

3 Die äußere Wasserwanne gibt die Größe des Holzkastens vor. Die Holzbauteile werden dementsprechend angemessen und passend zugeschnitten. Die Wasserwanne nimmt in der Mitte das Wasserbecken auf, in dem wiederum die Pumpe steht. Zudem ist ausreichend Raum zum Einrichten von Pflanzen nötig.

Zur Bepflanzung dienen **Hydrokulturgewächse**, die mit einem Wasserstandsanzeiger ausgestattet sind. Daran ist nach dem Einsetzen und Auffüllen der Zwischenräume mit Kieselsteinen stets der Gießwasserbedarf erkennbar.

4 Der obere Rahmen des Holzkastens muss bündig zur Oberkante des Hydrokulturgefäßes abschließen. Dazu ist der Boden aus Brettern hinzuzurechnen. Die Maße lassen sich nach dem Platzieren des Hydrokulturgefäßes auf die Konstruktionshölzer übertragen.

5 Gewöhnliche sägeraue Dachlatten sind für den Rahmenbau gut genug, denn der Rahmen verschwindet später unter der Holzverkleidung. Dachlatten gibt es für Cent-Beträge im Holzhandel oder Baumarkt.

6 Nach dem Zuschnitt der Latten und der Markierung der Befestigungsstellen kommt das Bohren. Die Bohrungen müssen den Schrauben angemessen sein.

7 Die Verschraubung ist mit einfachen Spanplattenschrauben möglich. Der Rahmen gibt nur die Form vor. Die nötige Stabilität bekommt der Holzkasten nach der Befestigung der Holzverkleidung.

8 Die Bretter für den Boden werden passend zugeschnitten. Dafür genügt eine Handsäge. Eine Schablone macht die exakte Sägeführung möglich. Schneller ist der Zuschnitt allerdings mit einer Kreissäge oder Kapsäge zu bewerkstelligen.

9 Die Befestigung der Bodenbretter geht mit dem Bohrschrauber leicht von der Hand. Auch dafür sind einfache Spanplattenschrauben (»Spaxschrauben«) ausreichend.

10 Nach dem Festschrauben der Bodenbretter kann die Wanne bereits platziert werden. Sie sollte exakt in den Kasten passen und oben bündig zum Rahmen stehen.

11 Sogleich kann die Montage der Seitenwände erfolgen. Dafür eignen sich wenige Profilholz-Reststücke, die etwa vom Hausausbau noch übrig sind. Profilholz

7

10

8

11

9

12

13

14

15

16

ist in verschiedenen Qualitäten aber auch im Baumarkt zu bekommen.

12 Für Profilhölzer gibt es spezielle Befestigungsklammern, die unsichtbar in den Nuten festgenagelt werden. Genauso gut ist aber auch die Befestigung mit Schrauben möglich. Die Schraubenköpfe lassen sich später mit Eckleisten verdecken.

13 Die Eckleisten dienen nur als Abschlusskanten. Sie tragen nicht zur Stabilität des Holzkastens bei, sodass eine Befestigung mit feinen Nägeln genügt, die man später kaum noch sieht. Schon beim Eindrehen der Schrauben ist darauf zu achten, dass sie von den Eckleisten überdeckt werden.

14 Der Kasten bekommt oben einen Rahmen. Dafür genügen massive Bretter, die nach dem Hobeln im Winkel von 45 Grad zugeschnitten werden. Sie lassen sich entweder mit Holzdübeln oder mit Schrauben montieren.

15 Möbelrollen machen den kleinen Brunnen mobil. Die Art der Rollen richtet sich nach dem Standort und nach dem Gewicht des Kastens.

16 Die Pumpe braucht ein eigenes Wasserbecken. Der Test zeigt, ob die Sprudelhöhe stimmt. Falls nötig ist der Wasserschwall entsprechend regulierbar.

17 Zum Bepflanzen eignen sich Hydrokulturpflanzen. Robuste Arten vertragen einen Aufenthalt im Freien. Sie werden abgetrennt vom Pumpenbecken platziert.

Ökotipp

Tiere mögen das plätschernde Wasser sehr gerne. So haben etwa Singvögel immer ein wenig Unterhaltung, besonders wenn sie im Käfig sitzen müssen.

Kieselsteine verdecken später die Kunststofftöpfe. Sie lassen sich bei Bedarf auch leicht ausräumen, etwa wenn die Pumpe zu reinigen ist oder wenn die Pflanzen einen neuen Topf mit frischem Substrat brauchen. Statt der Kieselfüllung ist natürlich auch eine Schüttung mit Blähton oder anderem mineralischen Material möglich.

18 Ein kleiner Brunnen hat in jedem Wohnraum oder auf der Terrasse Platz. Wenn Rollen montiert werden, ist auch die Umstellung möglich. So lässt sich die Wasserstelle im Sommer nach draußen rollen und im Winter wieder ins Haus holen. Das Wasser wird dann teilweise entleert, damit es beim Transport nicht überschwappt. Am Standort muss eine Stromquelle für die Pumpe vorhanden sein.

Es gibt aber auch Solarpumpen, die beispielsweise am Balkon zur Gestaltung beitragen können. Sie sprudeln aber nur bei Sonnenschein. Solarpumpen sind erheblich teurer, zumal sie zur Versorgung das dazu passende Solarmodul benötigen. Die Anschaffung lohnt sich aber langfristig, wenn sie ständig betrieben werden.

17

Ein Solarbrunnen lässt sich auch im Haus installieren. Dazu ist es natürlich nötig, das Strom liefernde Solarmodul an günstiger Stelle im Freien zu montieren.

Pflege

Außer der regelmäßigen Wasserversorgung, dem Ausputzen welker Blätter und der gelegentlichen Düngung braucht ein Pflanzenbrunnen keine Pflege. Nur wenn der Sprudel schwächer wird, sollte die Pumpe gereinigt werden. Die Sprudelstärke lässt sich danach mittels Regler einstellen.

18

Eine plätschernde Quelle

Material

Folie, Vlies, Kiesel oder andere Natursteine, Rollkies, Pumpe, Schlauch

Werkzeug

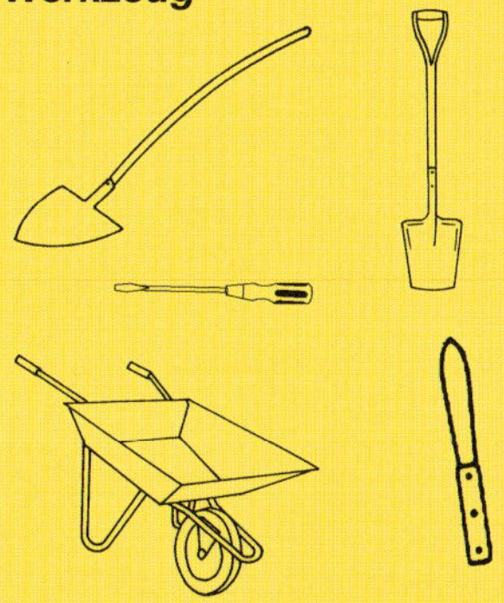

Schwierigkeitsgrad

Kraftaufwand

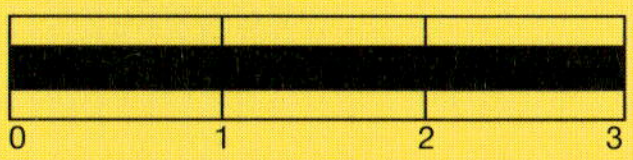

Arbeitszeit

Sie benötigen etwa 3 Stunden.

Ersparnis

Sie sparen durch Eigenleistung etwa 100 €.

Die Schwierigkeit beim Bachbau liegt darin, die Steine so einzubauen, dass sich ein wirksamer Wasserlauf ergibt. Wenn dies nicht geschickt und mit Sorgfalt erfolgt und die Steine ohne gezieltes Aufschichten ins Bachbett gelegt werden, läuft das Wasser unsichtbar und geräuschlos ab.

Die Länge des Bachs spielt keine Rolle. Schon ein kleiner Hügel genügt für den Bau einer plätschernden **Kaskade**. Die Quelle kann ein Sprudelstein sein oder eine Gruppe mehrerer Steine, bei der der Versorgungsschlauch versteckt wird. Als Mündung bietet sich ein Teich an, der das Wasser aufnimmt. Im Teich lässt sich auch die Pumpe unterbringen.

Zu beachten ist, dass der Wasserstrahl aus dem Schlauch effektvoll im Bachbett auftrifft und über die aufgeschichteten Steine nach unten plätschert. Das Wasser sollte also schon während des Ausbaus laufen. Dann lassen sich die Steine gezielt an passende Stellen setzen und aufschichten.

Mit kantigen Brocken ist ein stufenförmiger Aufbau möglich. Dafür sind nur wenige ausgewählte Steine nötig, die entsprechend gedreht und eingesetzt werden, bis das Wasser gezielt jeweils auf einer glatten Oberfläche auftrifft. Recht einfach gelingt der Bau einer Kaskade mit handbehauenen Natursteinen.

1

Aber auch Natursteinplatten, die beispielsweise vom Terrassenbau übrig sind, lassen sich zu einer **Wassertreppe** aufschichten. Mehr Mühe macht der Bachausbau mit großen Kieseln, die vorwiegend rund sind und nur wenige glatte Oberflächen haben.

2

4

3

1 Der Bau einer Kaskade kann im Zuge einer Teichrenovierung erfolgen, etwa wenn ein alter Wassergarten völlig zugewuchert ist und einer gründlichen Erneuerung bedarf. Beim Ausräumen der Wasserpflanzen bleiben Beschädigungen der Teichfolie meistens nicht erspart. Sie muss dann beseitigt und ersetzt werden.

Das Teichvlies kann erhalten bleiben. Die kleine Kaskade entsteht hier an einer geschützten Stelle im vorhandenen Grüngürtel am Ufer. Der Hügel lässt sich mit dem Spaten stufenförmig vorbereiten.

2 Nach dem Auskleiden des Teichbetts und dem Einsetzen der Seerose an der tiefsten Stelle kann der weitere Ausbau beginnen. Im Zuge des Teichbaus entsteht auch die Kaskade.

3 Nach dem teilweisen Fluten des Teichs ist der Anschluss der Pumpe möglich. Sie dient zur Versorgung der Quelle. Eine gewöhnliche Tauchpumpe liefert einen kräftigen Wasserstrahl.

4 Sobald der Teich schon fast vollständig gestaltet ist, kommt der Ausbau der Kaskade an die Reihe.

Mittlerweile wurde der ausgeformte Erdhügel mit einem Folienreststück ausgekleidet. Schon liegen die ersten Steine im Bachbett.

5 Der Versorgungsschlauch führt von der Pumpe im Teich zu zwei großen Findlingen. Diese Quellsteine ersparen das Durchbohren eines Quellsteins. Der druckstabile Kunststoffschlauch muss fest sitzen, damit er sich beim Dauerbetrieb nicht löst.

Die großen Findlinge geben den nötigen Halt. Starre Schläuche sind als Meterware im Baumarkt erhältlich. Sie verformen sich nicht. Falls nötig ist eine Bestückung mit einer Düse möglich, wenn ein harter Wasserstrahl erwünscht ist.

6 Damit das Wasser im Bachbett bleibt und nicht überläuft, werden die Folienränder aufgestellt und mit Erde unterfüllt. Das Eingraben des Schlauchs in den Boden kommt erst an die Reihe, wenn der Wasserlauf richtig funktioniert.

7 Die Pumpe presst das Wasser mit starkem Druck durch die Schlauchleitung zur Quelle. Jetzt wird der Wasserstrahl richtig jus-

5

7

6

8

10

9

tiert. Er darf nicht willkürlich im Bachbett auftreffen, sondern muss gezielt über die Steine geleitet werden.

8 Der Ausbau der Kaskade erfolgt bei laufendem Wasser. Nur so ist zu erkennen, ob die Steine richtig liegen. Sie lassen sich jetzt noch beliebig drehen und umschichten, bis das Wasser gezielt auftrifft.

9 Erst wenn das Wasser geräuschvoll und sichtbar über die Steine plätschert, verschwindet die Schlauchleitung im Boden. Sie kann allerdings auch nur mit Kieseln kaschiert werden.

10 Beim weiteren Ausbau sind die seitlichen Folienränder aufzustellen und zu unterfüllen. Das geschieht mit der Aushuberde sowie mit Kieselsteinen, die den Unterbau festigen.

11 Überstehende Folienränder lassen sich mit einem Messer abschneiden. Später soll nichts mehr von der Kunststoffschalung zu sehen sein.

12 Es empfiehlt sich, beim Ausbau geduldig vorzugehen. Dadurch sind Fehler etwa durch zu knappes Abschneiden der Folienränder zu vermeiden. Im Übrigen wird die Wirkung des Wasserlaufs erkennbar. Falls erwünscht sind jetzt noch Umbauten möglich. Einstweilen wird der Versorgungsschlauch weiter eingegraben.

13 Die Pumpe landet im Teich. Vorher muss der Schlauch gut befestigt sein. Zur Wartung kann die Pumpe mittels **Zugleine** aus dem Teich geholt werden. Dazu dient eine Nylonschnur, die vor dem Eintauchen zu befestigen ist.

11

13

12

14

Darauf können Sie bauen!

COMPACT PRAXIS »do it yourself«

- Jeder Band mit über 200 Abbildungen und instruktiven Bildfolgen – alles in Farbe.
- Übersichtliche Symbole für Schwierigkeitsgrad, Kraftbedarf, Zeitaufwand u.v.m. – alles auf einen Blick.
- Anwenderfreundliche Komplettanleitungen für alle wichtigen Heimwerkerarbeiten – keine schmalen Einzelthemen.
- Mit besonders hervorgehobenen Profi- und Sicherheitstipps.

Über 60 Titel lieferbar.
Bitte DIY-Spezial-Prospekt anfordern!

jeder Band € 10,25

Compact Verlag GmbH
Züricher Straße 29
81476 München
Telefon: 0 89/74 51 61-0
Telefax: 0 89/75 60 95
Internet: www.compactverla

Wenn das Wasser richtig läuft und auch an der Mündung den erwünschten Weg findet, kommt die weitere Ausgestaltung des Bachlaufs an die Reihe. Dabei werden weiterhin überstehende Folienränder abgetrennt.

14 Feiner Kies und große Kiesel machen eine abwechslungsreiche Teichrandgestaltung möglich. Kies ist in verschiedenen Körnungen im Baustoffhandel zu bekommen.

15 Während die großen kantigen Steine vorzugsweise beim Ausbau der Kaskade zum Einsatz kommen, lassen sich kleine Kiesel zum Kaschieren der Folie in den Zwischenräumen nutzen.

16 Von der Folie ist bald nichts mehr zu sehen. Ebenso sind die Zuleitungen wie Wasserschlauch und Stromkabel versteckt untergebracht. Kiesel und Pflanzen bedecken später auch die letzten Ränder.

17 Nach der Fertigstellung ist das Wasser noch deutlich getrübt. Der Teich klärt sich jedoch in wenigen Tagen von selbst. Die Kaskade trägt langfristig zur Klärung und Filterung bei.

15

16

17

Ein Plantschbecken für Kinder

An einem Plantschteich haben Kinder viel Freude

Material

Teichbecken, Rollkies, Springbrunnenpumpe mit Düsen, Uferpflanzen

Werkzeug

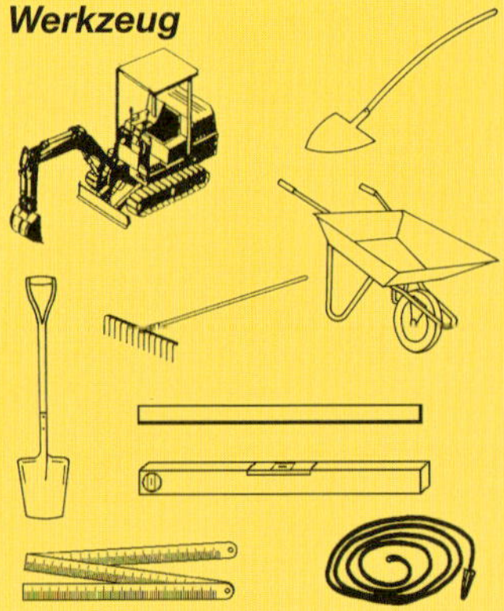

Schwierigkeitsgrad

Kraftaufwand

Arbeitszeit

Sie benötigen etwa 1 Tag.

Ersparnis

Durch Eigenleistung sind ca. 500 € einzusparen.

Wenn kleine Kinder zur Wohngemeinschaft gehören und durch einen Teich gefährdet sind, muss dennoch nicht auf eine Wasserstelle verzichtet werden: Wenn das Teichbecken eine Füllung mit Kieseln (z. B. Rollkies) erhält, dürfen Kinder gerne unbeaufsichtigt am Wasser spielen. Sie werden höchstens nass.

Später, wenn sie schwimmen können und der Gartenteich keine Gefahr mehr darstellt, können die Kiesel ausgeräumt und zur Ufergestaltung verwendet werden. Hier hat ein Hartkunststoffbecken einen deutlichen Vorteil gegenüber einer Folienwandung. Denn es verträgt das Ausräumen mit der Schaufel ohne Beschädigungen.

1 Im Sommer nutzen die Kinder das flach gelegte Teichbecken gerne für eine Abfrischung. Eine kleine Springbrunnenpumpe erzeugt den erwünschten Sprudel.

2 Der Springbrunnen ist mit wenigen Handgriffen im Plantschbecken platziert. Auch hier haben sich Solarpumpen bewährt, die von speziellen Modulen mit Strom versorgt werden. Wechselstrompumpen brauchen eine Steckdose.

3 Achten Sie auf Qualität, wenn Sie sich für ein Hartkunststoffbecken entscheiden. Am besten lassen Sie sich eine Garantie geben.

4 Selbstverständlich macht der Einbau eines großen Beckens mehr Mühe als der einer kleinen Wanne. Immerhin sind enorme Erdarbeiten zu leisten. Mit Muskelkraft sind die kaum noch zu bewältigen. Vielmehr ist dazu ein Bagger nötig.

Das kann ein großer Bagger oder Lader sein, etwa dann, wenn der Teichbau bereits beim Hausbau geschieht, wo solche großen Baumaschinen zur Verfügung stehen und noch ins Gelände gelangen. Geeignet ist aber auch ein Minibagger, der für eine bestimmte Tagesmiete (etwa 150 €) leihweise zu bekommen ist.

Manchmal werden solche Geräte mit einem geübten Fahrer vermietet. Der kann damit besser umgehen als der Bauherr und hilft meist auch beim Einsetzen des Beckens und bei anderen Arbeiten. Wenn die Lage bestimmt, das gewünschte Becken besorgt (die Lieferung erfolgt in der Regel vom

1

2

3

4

6

5

7

Hersteller bzw. vom Händler) und der Bagger bestellt ist, kann der Teichbau beginnen. Zunächst wird der Mutterboden abgeschoben und abseits gelagert. Das ist am besten und einfachsten mit der Ladeschaufel möglich.

5 Der Lader schiebt ein passendes Bett aus. Zur Orientierung werden Breite und Länge markiert. Ein langes Brett (oder eine entsprechende Richtlatte) dient als Verlängerung der Wasserwaage; damit lässt sich die ganze Breite überspannen. Die Tiefe kann ebenfalls mit einer Hilfskonstruktion und der Wasserwaage gemessen werden.

6 Falls nötig wird noch tiefer gegraben. Ein Lader lässt sich übrigens einfacher bedienen als ein Bagger. Für beide Geräte ist vor den Arbeiten in Eigenregie eine gründliche Einweisung unbedingt zu empfehlen.

7 Sobald das Bett ausreichend tief ausgekoffert ist, kann der Boden waagrecht planiert werden. Auf den planierten Boden kommt eine Schicht Sand. Sie dient als Polster für den Beckenboden. 5–10 cm genügen dabei, es kann aber gerne auch mehr sein. Die Sandschicht muss genau waagrecht planiert sein. Immerhin gibt sie die Lage des Beckens vor. Beim Planieren hilft eine Richtlatte.

8 Das recht leichte Kunststoffbekken lässt sich ohne Schwierigkeiten über kurze Strecken zu zweit zum Teichbett tragen. Für einen weiteren Transport sind jedoch schon mehrere Helfer nötig. Wenn der Boden passend vorbereitet wurde und das Bett geräumig genug ausgekoffert ist, liegt das Bekken sofort nach dem Einsetzen richtig.

9 Gelegentliches Kontrollieren mit der Richtlatte und der Wasserwaage gewährt einen waagrechten Einbau. Jetzt sind noch Korrekturen möglich – falls nötig.

10 Wasser ist das beste Mittel zum Beschweren, zumal das Bekken ohnehin geflutet wird. 1 Kubikmeter wiegt 1 Tonne. Damit bekommt das Becken die nötige Bodenhaftung.

11 Erst wenn genügend Wasser ins Becken eingefüllt ist, darf rundherum Erde eingeschlämmt werden. Andernfalls kann das Becken

8

10

9

11

12

leicht verdrückt werden oder aufschwimmen! Zum Einschlämmen genügt Gartenerde durchaus, wenn keine großen, spitzen Steine mit dabei sind. Sand lässt sich zwar leichter einfüttern, zumal er besser rieselt, lockerer Gartenboden ist aber gut genug.

Wenn es beim Einbau unerwartet Stein und Bein friert, ist es besser, auf Tauwetter zu warten. Sonst lässt sich der gefrorene Boden nur mühsam zerkleinern und einfüllen. Kleine Hohlräume zwischen Teichwand und Teichbett, die auch sonst entstehen können, stören allerdings nicht und verursachen auch am Becken keinen Schaden.

Vielmehr ist es wichtig, das Becken beim Einbau nicht zu verkanten, denn Spannungen können durchaus Risse bewirken!

12 Der Rollkies, der hier eingefüllt wird, gibt dem Kunststoffbecken zusätzliche Bodenhaftung und dient zugleich als Teichsicherung. Mit einem Rechen verteilt man anschließend den Kies.

13 Hier ruhen etwa 6 Tonnen Kies im Wasser. Dennoch bietet der Teich nach dem Ebnen des Kieshaufens eine schöne Wasserfläche. Zunächst wird noch das Umfeld gestaltet, solange die Maschine am Ort ist und die sonst mühsame Erdarbeit abnimmt.

14 Während es im Teichbecken nur in Grenzen grünen sollte, darf es rund herum üppig wuchern. Gräser und Stauden schaffen einen schönen Grüngürtel. Die Pflanzung kann bei frostfreiem Boden sofort nach dem Teichbau erfolgen.

15 Schon im Frühjahr nach der Anlage treiben die Uferstauden aus. Das Teichbecken bleibt frei, damit es sich als Plantschbecken oder auch für Kneippbäder nutzen lässt. Ein richtig eingebautes Teichbecken braucht außer der üblichen Pflege wie Wasser nachfüllen, Pflanzenteile entfernen, Algen abfischen und dergleichen keine besondere Wartung.

Ökotipp
Kostenlos sind Stauden für die Randgestaltung bei Nachbarn und Bekannten zu bekommen. Jeder Gartenbesitzer hat genug Jungpflanzen oder Ausläufer, die er ohnehin beseitigen muss.

13

14

15

Selbst gestalteter Bachlauf mit Kaskaden

Material

Teichfolie, Vlies, Kiesel, Quellstein, Tauchpumpe, Schlauch, Schlauchklemme, Wasserpflanzen

Werkzeug

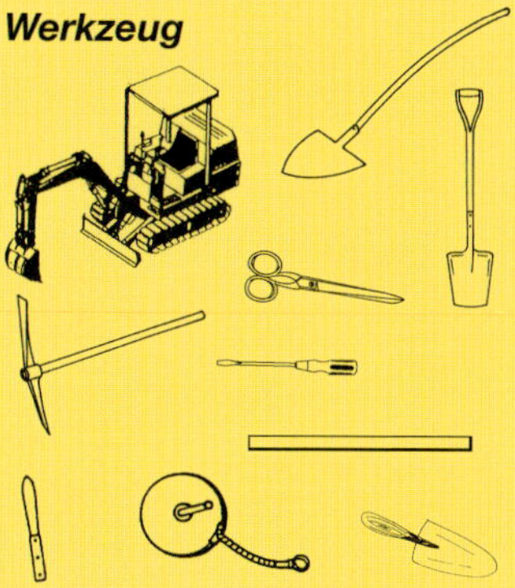

Schwierigkeitsgrad

Kraftaufwand

Arbeitszeit

Die Arbeitszeit richtet sich nach der Länge des Bachs. Sie benötigen etwa 1 Stunde pro Meter.

Ersparnis

Sie sparen sich etwa 30 € pro Stunde als Lohn für einen Landschaftsgärtner. Je nach Bachlänge sind das oft 300 €.

Seit etlichen Jahren sind Gartenteiche die Anziehungspunkte in vielen Gärten. Spezielle Teichfolien machen den Bau einfach. Sie sind preiswert, leicht zu verarbeiten und dennoch haltbar. Obwohl die Folien aus Kunststoff hergestellt werden, kann man sie für einen naturnahen Teich empfehlen, vorausgesetzt Sie verlegen das gute Stück richtig, damit nach dem Einrichten des Teichs nichts mehr davon zu sehen ist. Gut geeignet ist der elastische Kunststoff auch für den Bachbau, zumal sich die Folie jedem beliebigen Bachbett anpasst.

1

2

3

5

4

Ein Platz für einen Bachlauf ist beispielsweise an einer Terrassenböschung zu finden oder auch neben einem bereits angelegten Teich. Hier kann die Aushuberde zu einem Hügel aufgeschüttet werden, der dann als Baustelle für das Bachbett dient.

Gärten mit Hanglage bieten ohnehin ideale Voraussetzungen für den Bachbau. Aber auch in flachem Gelände lässt sich ein Wasserlauf anlegen. Das kann hier ein Graben sein, der von einem Sprudelstein versorgt wird.

1 Ein Bach braucht wenig Raum. Ein schmaler Wasserlauf lässt sich beispielsweise neben einer Gartentreppe anlegen. Er kann – wie hier – in einen vorhandenen Teich münden. Der Teichbau ist natürlich auch im Zuge des Bachbaus möglich. Als Quelle kann ein Sprudelstein dienen, der ebenfalls in einem kleinen Teichbecken untergebracht ist.

Der Höhenunterschied zwischen dem Quellteich und dem Mündungsteich ist bei der Auswahl der Pumpe zu beachten. Die Länge des Bachs ist weniger wichtig. Ein Minibagger erleichtert die Grabarbeiten. Der Erdaushub ist aber auch von Hand mit Spitzhacke und Schaufel möglich.

2 Die Handhabung eines Minibaggers ist nicht so einfach, wie es scheint. Besonders bei Arbeiten am Hang ist schon ein wenig Übung im Umgang mit solchen Maschinen nötig. Allerdings erspart ein Bagger die mühsamen Grabarbeiten. Das Nachformen ist dann einfach zu erledigen.

3 Das Modellieren geht nach den Vorarbeiten leicht von der Hand. Das Bachbett muss nicht tief sein.

Gewöhnliche Tauchpumpen befördern etwa 100 Liter Wasser pro Minute. Das genügt für einen plätschernden Wasserlauf in einem flachen Bett. In einem tiefen Graben wirkt diese geringe Wassermenge verloren.

4 Damit das Wasser nicht geräuschlos abläuft, ist die Ausformung kleiner Becken im Bachbett empfehlenswert. Hier staut sich dann das Wasser und lässt sich über gezielt eingesetzte Steine jeweils am Rand dieser Becken wirkungsvoll nach unten lenken.

5 Beim Ausformen ist eine Richtlatte oder eine Wasserwaage mit einem geraden Brett hilfreich. Damit lässt sich feststellen, ob beide Ufer im Bachbett in gleicher Höhe liegen. Falls nötig kann dann noch nachgeformt werden.

6 Sobald die Erdarbeiten erledigt sind und das Bachbett auf ganzer Länge die passende Form hat, kommt das Auskleiden mit Teichvlies an die Reihe.

Dieses Acrylfasergewebe dient als Polster für die Teichfolie. Auf sandigem oder lehmigem Boden kann darauf verzichtet werden.

6

7

7 Beim Anschluss an den vorhandenen Teich muss die Teichfolie untergraben werden. Dann lässt sich das Vlies unter die Teichfolie schieben. Diese Grabarbeiten sind vorsichtig und ohne Verletzung der Teichfolie zu erledigen.

8 Es ist von Vorteil, wenn die Folie für den Bach als ganzes Stück zu bekommen ist. Dann bleibt das Anstückeln erspart. Auf Bestellung bei einem Folienhersteller wird die Folie in der gewünschten Größe angefertigt und geliefert. Das ist natürlich nicht bei einem stark ge-

8

9

11

10

schwungenen, sondern nur bei einem geraden Verlauf des Bachs möglich. Wenn die Folie im Baumarkt von der Rolle besorgt wird, ist das Auskleiden des Bachbetts allerdings nicht ohne Verschnitt machbar.

Doch sind auch Folienreste etwa vom Teichbau gut geeignet. Dann beginnt der Ausbau von unten, indem jeweils das obere Folienstück über das untere Folienstück gelegt wird, sodass sich jeweils ausreichende Überlappungen ergeben.

9 Der grobe Zuschnitt der Folienränder kann schon nach dem Auslegen erfolgen. Der exakte Zuschnitt geschieht aber erst, wenn der Bach ausgebaut ist, insbesondere wenn das Wasser richtig fließt. Schon während des Auskleidens mit der Folie sollte der Wasserlauf mit der Pumpe betrieben werden. Dann ist zu sehen, wie das Wasser fließt.

10 Die Folie muss direkt auf dem Boden aufliegen, damit es keine Verspannungen gibt. Sie lässt sich auf ganzer Länge fest ins Bachbett drücken, solange noch keine Steine eingebaut sind.

11 Nach dem Auskleiden und dem Probelauf kann der Ausbau beginnen. Dazu eignet sich vorzugsweise Rollkies, der mit größe-

Profitipp

Folienreste, die sich beim Zuschneiden der Ränder nicht vermeiden lassen, eignen sich zum Anfertigen kleiner Wasserstellen, etwa für Vogeltränken. Solche Reste können aber auch beim Mulchen der Gartenbeete nützlich sein.

12

13

ren Kieseln kombiniert wird. Stellenweise sind kantige Steine nötig, die so eingesetzt werden, dass sie als Kaskaden wirken.

Der Einbau dieser Hindernisse muss unbedingt sorgfältig erfolgen, damit das Wasser darüber plätschert und nicht ohne Wirkung unten durchläuft.

12 Ein kräftiger Wasserschwall von einer leistungsfähigen Pumpe lässt sich einfacher zur Wirkung bringen als ein schwacher Wasserlauf. Dazu müssen die Steine gezielt ausgewählt und günstig platziert werden. Schon vor dem Auslegen der Folie verbessern Vorbereitungen im Bachbett die spätere Wirkung des Wasserlaufs.

Durch den Einbau von Betonformteilen oder das Ausformen von Steilstellen lassen sich kantige Hindernisse schaffen. An diesen Stellen fließt dann nach dem Auslegen der Folie das Wasser zwangsläufig wirkungsvoll darüber hinweg. An steilen Hängen sind auch kleine Wasserfälle auf diese Weise machbar.

14

15

18

16

17

13 Im Zuge des Bachbaus ist der Test verschiedener Pumpen möglich. Falls erwünscht kann eine schwache Pumpe durch ein leistungsfähigeres Gerät ersetzt werden. Solche Tauchpumpen mit 300 Watt Leistung schaffen bei einem Höhenunterschied von 2 m ca. 7000 Liter Wasser pro Stunde. Dadurch kommt schon ein recht schöner Wasserschwall zustande.

14 Sobald das Wasser im Teich richtig fließt, ist der weitere Ausbau des Bachbetts kein Problem. Auf jeden Fall sollte nach der Fertigstellung nichts mehr von der Folie zu sehen sein.

15 Wenn die Leistung der Pumpe genügt, ist der endgültige Anschluss mit wenigen Handgriffen erledigt. Die Tauchpumpe muss allerdings zur regelmäßigen Wartung und Reinigung immer wieder erreichbar sein.

16 Der Anschluss an die Pumpe ist leichter möglich, wenn der Schlauch mit einem Heizlüfter erwärmt wird.

17 Der Schlauch und das Stromkabel verschwinden in einem flachen Graben.

Falls nötig bekommen beide Versorgungsleitungen vor dem Eingraben eine schützende Abdeckung, z. B. aus halben Tonrohren, damit sie bei Erdarbeiten vor Beschädigungen sicher sind.

18 Der Schlauch führt von der Pumpe im unteren Mündungsteich zu einem Sprudelstein im oberen Quellteich. Der Kiesel wurde vorher von einem Steinmetz durchbohrt.

19 Der Bach wurde abschließend noch mit verschiedenen Uferpflanzen begrünt.

Hinzu kamen Gartenlampen, die den Wasserlauf und die Treppe beleuchten.

19

Kleiner Brunnen an der Terrasse

Mit wenig Aufwand lässt sich dieser Blickfang bauen

Material

Brunnen-Bausatz, Betonrohr, Beton

Werkzeug

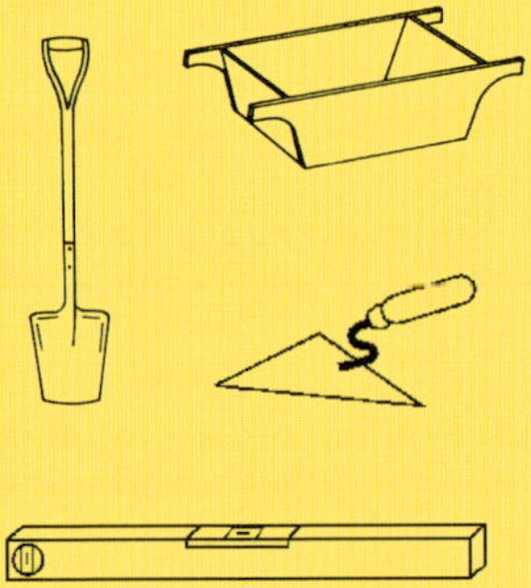

Schwierigkeitsgrad

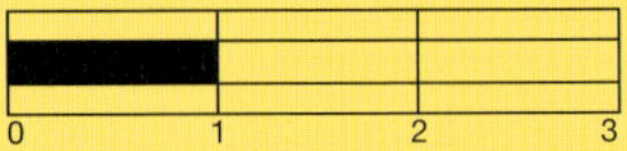

Kraftaufwand

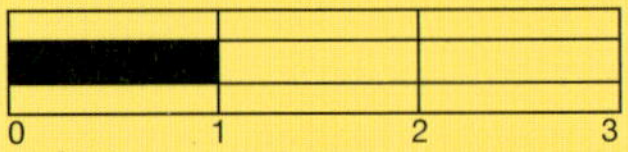

Arbeitszeit

Sie benötigen etwa 3 Stunden.

Ersparnis

Durch Eigenleistung sind ca. 50 € einzusparen.

In Bau- und Gartenmärkten sind Bausätze für verschiedene Zierbrunnen zu bekommen. Sie bestehen aus Naturstein, Spezialbeton oder anderen Materialien und lassen sich zu Hause mit wenigen Handgriffen im Garten oder auf dem Balkon platzieren. Das Herz ist eine kleine Elektropumpe, die je nach Typ einen Wasserspeier, eine Figur mit Wassereimer oder einen Löwenkopf versorgt.

Der geschlossene Kreislauf braucht nur wenig Wasser, das aus einer Schale zum Wasserspeier befördert wird. Nach dem Aufstellen funktionieren solche Brunnen zuverlässig. Es genügt, verdunstetes Wasser zu erneuern und das Wasserbecken gelegentlich von Algen zu säubern.

1 Einen sicheren Stand bietet ein Betonrohr, das im Baustoffhandel zu bekommen ist. Das 1 m lange Betonformteil sitzt frostsicher im Boden. Zum Auskoffern der Erde dient ein Handbagger.

Ein **Doppelspaten** mit Gelenk, der scherenartig arbeitet, macht den Aushub schmaler tiefer Löcher möglich. Der Erdaushub kann genauso mit einem Spaten erfolgen. Sobald die richtige Tiefe erreicht ist, kann das Betonrohr eingesetzt und mit Beton verfüllt werden.

2 Nach dem Aushärten bietet das Punktfundament eine tragfähige und kippsichere Basis für den Brunnen. Der Bausatz hat immerhin ein Gewicht von ca. 75 kg.

Ein größeres Exemplar kann sogar mehrere Zentner wiegen. Auch dafür ist ein Punktfundament aus Beton ideal. Falls nötig wird dann ein größeres Betonrohr in den Boden eingesenkt.

3 Sobald der Brunnensockel auf dem Fundament steht, ist eine gründliche Reinigung der Verbindungsstellen nötig. Die Bausätze sind übrigens frostsicher. Sie überstehen auch kalte Winter ohne Schaden. Das Wasser muss allerdings entleert werden, damit die kleine Pumpe nicht einfriert.

4 Ein schmaler Silikonstreifen gewährleistet eine wasserdichte Verbindung. Eine Tube Silikon ist normalerweise im Bausatz enthalten. Vor dem Zusammenkleben sollte die Pumpe geprüft und richtig reguliert werden.

1

2

3

4

5

5 Sobald der Brunnen steht, kann er geflutet werden. Die Wasserschale muss stets gefüllt sein, damit die Pumpe nicht trocken läuft.

Auch den Singvögeln, die den Brunnen gerne als Tränke und zum Baden nutzen, kommt frisches Wasser zugute. Gelegentlich ist eine Reinigung des Brunnens, insbesondere die Entfernung von Algen, nötig.

6 Der fertig montierte Brunnen kann unter Umständen noch gedreht werden, wenn die Ausrichtung nicht ganz stimmt. Die Figur lässt sich später zur Wartung oder auch zur Regulierung der Pumpe abnehmen.

Sicherheitstipp

Die zentnerschweren Bauteile sind vorzugsweise mit einen Transporter oder PKW-Anhänger zur Baustelle zu befördern. Der Aufbau sollte mit einem Helfer erfolgen, um Verletzungen beim Hantieren mit den Bauteilen zu vermeiden.

6

Wasserpflanzen in Gefäßen kultivieren

Material

Holzfass, Trog, wasserdichter Kübel oder Gefäß und Teichfolie, Pumpe, Kiesel, Erdsubstrat, Wasserpflanzen

Werkzeug

Schwierigkeitsgrad

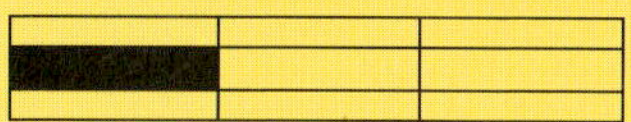

Kraftaufwand

Arbeitszeit

Sie benötigen etwa 1 Stunde.

Ersparnis

Durch Eigenleistung sparen Sie rund 100 €.

Wasserpflanzen sind sehr wüchsig. Denken Sie nur an Schilf, Rohrkolben oder Seerosen. Wo diese Gräser und Stauden wachsen können, wuchern sie eine Wasserstelle früher oder später zu. Für Wasserbecken auf Balkonen und Terrassen sind deshalb nur ausgewählte Arten geeignet.

Es müssen nicht immer Kübelpflanzen sein. Neben Oleander, Lorbeer und Engelstrompeten haben auch Wasserpflanzen Platz. Kleine Schwimmer wie der Schwimmfarn (Azolla), Wasserlinsen (Lemna) oder Wassersalat (Pistia) breiten sich sogar in flachen Schalen oder in Gläsern aus. Sie dümpeln auf der Oberfläche dahin und treiben weiße Wurzeln ins Wasser, die sie mit gelösten Nährstoffen und natürlich auch mit der nötigen Flüssigkeit versorgen.

Ein Glas mit einigen solchen Pflanzen lässt deren Entwicklung gut erkennen und dient auf der Fensterbank für den »Anschauungsunterricht«.

Dazu können Wasserhyazinthen (Eichhornia) gesellt werden, die im Sommer schöne blaue Blüten her-

1

2

3

vorbringen. Diese Exoten kommen in tropischen Ländern wild vor, wo sie selbst große Seen völlig zuwachsen. Hier sind die Schwimmer eher lästig als gerne gesehen. Ihr Ausbreitungsdrang ist aber in nördlichen Regionen weniger stark ausgeprägt.

Einige dieser Wasserpflanzen kann jede Wasserstelle gut vertragen. Wenn sie zu sehr wuchern, werden sie einfach abgefischt. Das ist zur Überwinterung ohnehin nötig. Oder sie kommen mitsamt dem Wasserbecken ins Haus – wie der Wassersalat und der Wasserfarn, die frostempfindlich sind.

Wasserlinsen können dagegen draußen bleiben, zumal sie auch in europäischen Teichen ganzjährig im Freien grünen. Eis und Schnee schadet ihnen nicht. Die winzigen Pflänzchen erholen sich im Frühjahr wieder. Ihre Vitalität macht sie deshalb – ähnlich den tropischen Wasserhyazinthen – stellenweise zur Plage.

Eine andere heimische Schwimmpflanze, die durchaus gut in Wasserbecken gedeiht, erhält ihre Art auf eine besondere Weise am Leben: Die nur einjährige Wassernuss (Trapa natans) entwickelt während ihrer kurzen Lebenszeit dicke Früchte, die abtauchen und im Schlamm überwintern. Im Frühjahr bringen sie dann Jungpflanzen hervor.

Ähnlich macht es die Krebsschere (Stratiotes aloides). Allerdings taucht diese schöne, mehrjährige Wasserpflanze immer wieder auf und ab. Für Krebsschere und Wassernuss sollten möglichst große Wasserbecken mit frostfreier Tiefe angeboten werden, damit sie bzw. ihre Früchte ohne Frostschäden durch den Winter kommen.

Manche gründen tief

Neben den »Freischwimmern«, die wie die Wasserhyazinthe oder die Wassernuss auf Luftpolstern treiben, wurzeln andere Arten im Schlamm und treiben Schwimmblätter nach oben. Die Zwergseerose (Nymphaea alba ‚Minor‘) macht das sogar in Wasserbecken auf dem Balkon, wenn sie ein tiefes Gefäß und eine ausreichende Bodenschicht bekommt.

Gewöhnliche Gartenerde, vorzugsweise lehmige Erde, ist dazu gut genug. Es muss kein spezielles Wasserpflanzensubstrat sein.

Das gilt übrigens auch für andere im Boden wurzelnde Arten, die zwar nicht zu den Schwimmern zählen, aber durchaus schöne Gewächse bilden. Neben anderen lassen sich beispielsweise Wasserschwertlilien, Wollgras, Sumpfdotterblumen und Wasserhahnenfuß in Wasserbecken ansiedeln.

Außer der Wasserversorgung brauchen diese Gewächse keine besondere Pflege. Die tropischen Arten müssen natürlich vor Kälte geschützt werden.

Jungpflanzen aller Arten gibt es in der Wasserpflanzenabteilung der Gartenmärkte und Staudengärtnereien sowie in speziellen Wasserpflanzenbetrieben.

Eine Bezugsquelle kann aber auch der eigene Gartenteich sein: Im Frühjahr ist ohnehin eine gute Gelegenheit zur Teilung von Wasserpflanzen, wobei eine Menge Jungpflanzen zum Verschenken oder für kleine **Wassergärten** auf Balkonen, Terrassen oder auch andernorts im Garten anfallen.

1 In großen Becken ist Platz für viele Wasserpflanzen. Hier gedeihen neben tropischen Seerosen sogar Lotosblumen. Im Winter brauchen die Exoten ein frostfreies Quartier.

2 Ein Natursteintrog ist groß genug für ein Sortiment ausgewählter Wasserpflanzen. Die Schwertlilien wurden in Töpfe gepflanzt und ins Wasser gestellt.

3 In Gartenmärkten ist eine Fülle an verschiedenen Pflanzenarten zu bekommen. Das Hechtkraut blüht blau.

4 Den Anfang macht eine Wasserschwertlilie, die einen Platz in einem Tontopf erhält. Der eingeschränkte Wurzelraum verhindert eine zu starke Ausbreitung.

Die Pflanzung ist bei frostfreiem Wetter das ganze Jahr möglich. Wasserschwertlilien und andere heimische Arten sind robust und völlig winterhart.

5 Die genügsamen Pflanzen kommen in gewöhnlicher Gartenerde gut zurecht. Wichtig ist, dass der Topf stets unter Wasser steht.

An heißen Sommertagen muss regelmäßig verdunstetes Wasser nachgefüllt werden.

4

5

6

8

9

7

6 Als Quartier für die Wasserschwertlilie dient hier ein altes, schmuckes Holzfass. Die Wasserpflanze steht getrennt von der Pumpe auf einem Unterbau aus Ziegelsteinen. Dadurch bleibt sie vom ständigen Sprudeln verschont.

7 Es dauert im Frühjahr nach der Pflanzung einige Zeit bis zum Austrieb. Aber das kleine Wasserbecken ist schon nach der Einrichtung attraktiv. Das Geräusch des sprudelnden Wassers wirkt beruhigend.

8 Als Standort wurde ein Kiesbeet vorbereitet. Der gewöhnliche Rollkies, der sonst zur Drainage oder als Sohle beim Kellerbau verwendet wird, setzt das kleine Fass gut in Szene.

Eine Mulchfolie, die vor dem Aufschütten der Kiesel auf dem Boden ausgebreitet wurde, hindert störende Kräuter am Keimen.

9 Mithilfe von Teichfolie lässt sich jedes beliebige Gefäß wasserdicht auskleiden. Es sollte eine möglichst dünne Folie (0,5 mm)

10

11

sein, die besonders elastisch ist und sich der Wandung eng anschmiegt.

10 Nachdem ein Stück von der Folie abgetrennt wurde, kann damit das Auskleiden beginnen. Falten werden so gut es geht geglättet. Große Gefäße lassen sich natürlich besser auskleiden als kleine wie dieser Tontopf.

11 Sobald der Topf mit der Folie ausgekleidet ist, kann er mit Wasser gefüllt werden. Der Wasserdruck presst die Folie noch stärker

12

13

14

15

an die Wandung. Genauso wie runde Töpfe lassen sich auch eckige Kästen oder Tröge mit Teichfolie wasserdicht machen.

12 Nach dem Fluten können die überstehenden Folienränder bündig zur Wandung abgeschnitten werden. Das geschieht mit einer Haushaltsschere oder einem scharfen Messer.

13 Jetzt sind noch kleine Korrekturen der Folie möglich. Der schwarze Kunststoff verschwindet unter einer Kieselfüllung. Die Kaschierung ist ebenso mit Blähton oder mit Pflanzen machbar. Bei der Auskleidung von Holztrögen mit Teichfolie kann eine Abdeckung der Ränder mit Holzleisten einen Abschluss bilden.

14 Wie beim Teichbau stehen wahlweise elastische Baustoffe, insbesondere Teichfolien, oder starre Kunststoffe zur Verfügung. Als wasserdichte Wandung für beliebige Gefäße können solche Kunststoffkübel nützlich sein.

15 Ein passender Kübel dient hier als Innenwand für einen Tontopf. Zur Randgestaltung werden Kiesel eingesetzt.

16 Zur Gestaltung tragen Wasserpflanzen bei, die in eine Substratschicht am Boden eingesetzt werden. Schön wirken auch Schwimmblattpflanzen wie Seerosen oder frei schwebende Arten wie Wasserhyazinthen, die auf der Oberfläche treiben. Bei großen Kübeln ist der Einsatz verschiedener Arten möglich.

17 Nicht zu vergessen ist, dass die Wasserpflanzen besonders in kleinen Trögen regelmäßig frisches Wasser brauchen, da an heißen Tagen viel Wasser verdunstet.

18 Eine kleine Wasserstelle wirkt beispielsweise am Balkon oder auf der Terrasse erfrischend – vor allem wenn sie aus mehreren Becken besteht. Dabei sein sollte auch ein Sprudelbecken oder ein Springbrunnen.

Ökotipp
Kleine Wasserstellen sind willkommene Vogeltränken. Sie sollten günstig platziert werden, damit die Tiere gerne zum Trinken und Baden kommen und nicht von Katzen oder anderen Feinden gestört werden.

16

17

18

Wassergefäße selbst gießen

Selbst gegossene Tröge

Material

Mörtelwannen, Baueimer, Kies, Zement, Wasser, Zusatzstoffe, Dichtungsschlämme

Werkzeug

Schwierigkeitsgrad

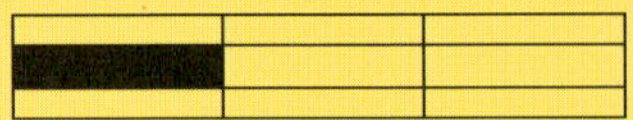

Kraftaufwand

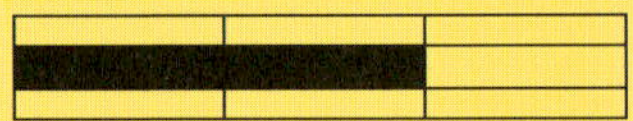

Arbeitszeit

Sie benötigen etwa 1 Stunde pro Gefäß.

Ersparnis

Durch Eigenleistung sparen Sie rund 100 €.

Mithilfe ausgewählter Schalungen ist das Gießen eigener Brunnenbecken möglich. Das können Mörtelkübel sein oder andere elastische Kunststoffbehälter. Als Baustoff eignet sich Beton oder ein Mischbeton aus ausgewählten Materialien. Bewährt haben sich beispielsweise Holzspäne, die das Gewicht des Betons verringern und eine braune Farbe bewirken.

Der Holzbeton lässt sich in großen Mengen im Betonmischer fertigen. Eine Probemischung ist zunächst auch in einer Mörtelwanne möglich. Dazu wird gewöhnlicher Baukies mit Zement vermengt und mit Wasser zu einer zähen Masse angerührt. Das Mischungsverhältnis für den Beton sollte etwa 4:1 betragen (4 Teile Kies + 1 Teil Zement). Dazu kommt eine geringe Menge Wasser. Die fertige Betonmischung kann etwa mit derselben Menge an Sägespänen angereichert werden.

Statt Holzbeton sind auch andere Spezialbaustoffe produzierbar. Wie beim Hausbau mit Lehm kann man statt der Holzspäne auch

Stroh zum Beimischen hernehmen. Allerdings sollten die Anteile solcher weicher Stoffe nicht zu groß sein, damit die Gefäße noch ausreichend stoßfest bleiben. Keinen Stabilitätsverlust, aber ebenfalls eine Gewichtsverminderung bewirken mineralische Mischstoffe wie Blähton oder Perlite.

1 Zum Gießen eines Brunnenbeckens ist eine Schalung nötig. Dazu können beispielsweise zwei Kunststoffkübel in unterschiedlichen Größen dienen.

Sie müssen so beschaffen sein, dass eine ausreichend dicke Wandung entsteht. Als Baustoff ist Beton nötig, der sich aus Kies, Zement, Wasser und ausgewählten Zusatzstoffen in der Mischmaschine produzieren lässt.

2 Nach dem Einfüllen von Wasser und Zement wird die entsprechende Menge Kies beigemengt. Die Herstellung etlicher Gefäße ist mit Resten möglich, die etwa vom Hausbau noch übrig sind.

3 Im Baustoffhandel gibt es spezielle Pulver, die zum Färben von Beton oder Mörtel eingesetzt werden. Diese Produkte sind sehr ergiebig, sodass geringe Mengen für eine gute Farbwirkung genügen. Die Mörtelfarben sind in verschiedenen Tönungen erhältlich.

Profitipp

Die Betonbecken werden völlig wasserdicht, wenn schon beim Mischen ein Dichtungsmittel in den frischen Beton eingerührt wird. Die Wandung lässt sich auch nachträglich noch mit Dichtungsschlämme oder Schwimmbadfarbe wasserdicht ausstreichen.

4 Der fertige Beton kommt frisch aus der Maschine. Er wird sofort weiterverarbeitet. Die Menge genügt für einen Trog. Wenn einige Schalungen zur Verfügung stehen, ist die Produktion mehrerer Tröge in Serie möglich. Ansonsten muss gewartet werden, bis der Beton ausgehärtet ist. Zunächst wird der Boden des größeren Kunststoffkübels mit der Betonmasse ausgegossen. Je nach Größe genügt eine 5–10 cm dicke Schicht.

5 Der Beton sollte nicht zu nass sein, dann geht das Glätten mit der Kelle leicht von der Hand. Gro-

1

2

3

4

6

5

7

ße Kiesel werden falls nötig entfernt. Bei der Herstellung noch größerer Tröge kann ein Stück Baustahl oder Estrichgitter als Bewehrung in den noch frischen Betonboden gedrückt werden.

6 Sobald der Boden fertig ist, kommt der Kunststoffkübel für die Innenschalung in den großen Kübel, der die Außenschalung bildet.

Eine Beschwerung mit Kies oder Sand verhindert das Aufschwimmen im frischen Beton.

7 Nach der Platzierung und Einrichtung in der Mitte wird weiterer Beton eingefüllt. Nach und nach kommt die Wandung des Trogs zustande.

8 Das Klopfen an der Außenschalung bewirkt, dass der frische Beton nach unten rutscht. Das Verdichten mit einer Holzlatte verhindert Lufteinschlüsse.

9 Nach dem Füllen sind nur noch die Ränder zu glätten. Falls erwünscht ist jetzt Gelegenheit zum Einsetzen von Tragegriffen aus Baustahl. Das sollte sofort nach dem Befüllen erfolgen, solange der Beton noch weich ist.

8

9

10

11

12

10 Die Fertigung von Trögen ist in beliebigen Größen möglich – je nach Größe der vorhandenen Kunststoffschalung. Falls erforderlich können Schalungen auch aus Holz gebaut werden, etwa wenn eckige Tröge entstehen sollen. Die Schalungen sind mehrmals wieder zu verwenden.

Schon nach etwa 24 Stunden kann die Innenschalung entfernt werden. Dann trocknet der Beton schneller aus. Erst nach dem Aushärten wird auch die Außenschalung abgenommen.

11 Statt aus purem Beton lassen sich Tröge auch aus Mischstoffen gießen. Für Holzbeton werden Sägespäne beigemengt.

Gut geeignet zum Mischen sind mineralische Zusatzstoffe wie etwa Blähton oder ein anderes Dämmmaterial.

12 Wenn keine spezielle Mörtelfarbe zu bekommen ist, kann auch eine gewöhnliche Dispersionsfarbe beigemengt werden. Allerdings ist die Farbwirkung dann deutlich weniger intensiv.

Wo finde ich was?